Mamadou Moustapha Ly

Le Nouvel Édouard Glissant :
De l'opacité poétique
à la limpidité politique

Connaissances et Savoirs

Cet ouvrage a été réalisé par les éditions
Connaissances et Savoirs
Immeuble Le Cargo, 157 boulevard Mac Donald – 75019 Paris
Tél. : 01 84 74 10 10 – Fax : 01 41 684 594
contact@connaissances-savoirs.com
www.connaissances-savoirs.com

Imprimé en France
Tous droits réservés pour tous pays.

Dépôt légal.
© Éditions Connaissances et Savoirs, 2021

À la mémoire de notre cher grand frère, Mamadou Amadou Ly dit Ceerno Aas Bandel, le « réveilleur de conscience » de la jeunesse de Fondé Aas.

Remerciements

Je voudrais tout d'abord exprimer toute ma gratitude à mon très cher Baaba, le Professeur Amadou Haby Ly de l'Université Cheikh Anta Diop de Dakar, pour sa formation et ses judicieux conseils tout au long de mon parcours académique. Dès mes tout premiers pas à l'Université, il a guidé et réorienté mes projets de recherche de deuxième et de troisième cycle en littératures américaines et anglaises vers celles africaines et de la Diaspora noire dans son ensemble. Sans ce retour et recours aux sources, ce présent ouvrage n'aurait pas vu le jour.

Je voudrais aussi témoigner ma profonde reconnaissance à mes professeurs de l'UCAD à l'Université de Michigan, à Ann Abor, en passant par la Kansas State University, notamment Mamadou Gaye, Gorgui Dieng, Claire Dehon, Amy Hubbell et Jarrod Hayes pour la qualité de leurs enseignements et la rigueur dans leurs encadrements scientifiques.

Mention très spéciale à mes amis et frères : Ousseynou Sy, Malick Guissé, Grand Sana Camara, Serge Badiane, Grand Aly Dramé, Kaaw Moussa, Hady Wane, Moustapha Abou Ciré, Latif M'bengue, Thierno Ndione, Rabiou Alassani, Lamine Baaba, Cheikhna, Seydi Sall, Vieux Touré, Muath Alqarni, Omar Hasan, Omar Sowe, Wali Baro, Moussa Thiao et tous les membres du Dental Fondé Aas sous le leadership de Cheikh Oumar Ly.

Je ne saurais terminer ces remerciements sans rendre un vibrant hommage à ma femme, Sawdatou Sow et à mes enfants, Amadou Hamath, Sakinah Binta et Halimata Sadiya et à toute ma famille, de Baaba Souleymane à Ciré Ibrahima, mon homonyme, pour leur grande patience et leur réconfort moral jour et nuit.

Veuillez trouver ici l'expression de mes remerciements les plus distingués, vous tous et toutes qui, de près ou de loin m'avez soutenu et guidé sur le chemin pénible mais combien exaltant de la recherche.

Qu'Allah nous guide et nous garde sur le DROIT chemin.

Avant-propos

Cette analyse critique porte sur la nouvelle œuvre d'Édouard Glissant (1928-2011), essayiste, poète, romancier, dramaturge, philosophe et théoricien martiniquais, qui a joué un rôle considérable dans l'émergence et la reconnaissance de la littérature antillaise francophone. En revisitant son concept poétique et politique de l'Antillanité, l'accent est mis sur sa nouvelle représentation théorique et pratique de la Martinique contemporaine et par extension du monde dans sa totalité de la « fin » de l'esclavage et du colonialisme à la nouvelle ère de la mondialisation au vingt-unième siècle.

Dans le cadre d'une évaluation plus complète et réelle de ces événements historiques et de leurs répercussions sur notre ère, le champ d'étude couvre les écrits de Glissant publiés juste avant sa mort en 2011 à savoir *Une Nouvelle région du monde* (2006), *Quand les murs tombent : L'identité hors-la-loi ?* (2007), *Mémoires des esclavages* (2007), *Les Entretiens de Bâton Rouge* (2008), *L'intraitable beauté du monde : Adresse à Barack Obama* (2009), *Philosophie de la Relation* (2009), *Manifeste pour les produits de haute nécessité* (2009) et *Traité pour le Grand Dérangement* (2009). Dans ces « interventions politiques », Glissant comble le fossé traditionnel entre la poétique et la politique, la théorie et la pratique, l'esthétique et l'éthique et la fiction et la réalité afin de réactualiser et de donner un sens limpide à ses concepts théoriques généralement jugés abstraits qu'il a présentés dans ses essais, traités, romans et manifestes de formation et de fondation beaucoup plus connus tels *Le Discours antillais* (1981), *Poétique de la Relation* (1990), *Traité du Tout-monde* (1993), *Tout-monde* (1995) et *Introduction à une poétique du Divers* (1996).

Cet ouvrage a pour objet de présenter un nouvel Glissant qui se redéfinit en tant que poéticien de la Diaspora noire et du monde se servant de l'événementiel pour exposer de manière plus captivante et interactive les sujets de controverses d'actualité nationale et internationale, notamment l'identité, la race, l'immigration et la mondialisation dans ce qu'il définit imaginativement et imaginairement le Tout-monde. Ses notions théoriques de base de la Relation, de l'imagination, de l'intuition et de la mondialité sont des tropes caractéristiques qu'il utilise poétiquement et politiquement pour défier, proposer et promouvoir des alternatives au « chaos » répandu partout, de l'Occident au Reste du monde, particulièrement en Afrique, aux Antilles, en France et dans la totalité-monde développées progressivement et respectivement dans chacun des quatre chapitres qui composent cette étude.

Introduction

Quand je dis poète, je ne veux pas parler de celui qui écrit des poèmes
mais de celui qui a une conception du vrai rapport entre poétique et poli-
tique.
« Solitaire et solidaire : Entretien avec Édouard Glissant ».

Depuis la publication de *La Lézarde* (1958), un roman ayant
remporté le prix Renaudot, l'œuvre prolifique d'Édouard Glissant continue d'attirer l'attention spectaculaire de bon nombre
de critiques dans une pluralité de disciplines aussi bien dans
les lettres que dans les sciences humaines. En effet, cette attention particulière a connu une ascension fulgurante avec la
popularisation de son concept théorique ou plutôt de son
mouvement de l'Antillanité qui est à la base du manifeste poétique et politique, *Le Discours antillais* (1981). L'Antillanité, qui
caractérise non sans symbolisme la diversité et la complexité
des réalités et des identités de l'archipel antillais, occupe une
place de choix dans l'histoire généalogique de la pensée antillaise francophone d'autant plus qu'elle est le principal courant
littéraire ayant suivi et précédé respectivement la Négritude et
la Créolité. Elle est incontournable dans l'analyse de ces deux
avenues d'expression parce qu'elles sont toutes en perpétuel
dialogue. Autrement dit, la compréhension de la Négritude et
de la Créolité nécessite une profonde familiarité avec
l'Antillanité, car Glissant les convoque constamment de manière à la fois distinctive et interactionnelle. Dans l'un de ses
essais, *Poétique de la Relation* (1990) par exemple, Glissant précise comment et pourquoi son concept de la créolisation, qui
est un baromètre poétique et politique de l'Antillanité, se distingue de la Négritude et de la Créolité :

> La créolisation, qui est un des modes de l'emmêlement
> – et non pas seulement une résultante linguistique – n'a

pas d'exemplaire que par ses processus et certainement pas les « contenus » à partir desquels ils fonctionneraient. C'est ce qui fait notre départ d'avec le concept de « créolité ». […] Les créolisations introduisent à la Relation, mais ce n'est pas pour universaliser ; « la créolité », dans son principe, régresserait vers des négritudes, des francités, des latinités, toutes généralisantes – plus ou moins innocemment (p. 103).

L'Antillanité remet en question l'essence même de la Négritude et de son orientation afro-centriste, qu'il considère en porte-à-faux avec les réalités antillaises.[1] Quant à la Créolité, Glissant est en phase avec sa focalisation sur les Antilles mais rejette sa prise de position limitée et limitative relative à la promotion essentialiste d'une identité antillaise unique. Glissant exprime cette différence fondamentale lors son interview avec Tony Delsham dans le magazine *Antilla* en des termes sans équivoque : « L'idée de la Créolité est que nous sommes un peuple composite. C'est une idée juste. L'erreur est de croire que ce composite est une essence ».

L'analyse centrale porte sur l'Antillanité de Glissant non pas seulement en tant que simple poétique mais aussi en tant qu'approche et perspective politique en démontrant que ses derniers écrits publiés juste avant sa mort en 2011 politisent voire concrétisent les notions et concepts présentés poétiquement dans ses premiers écrits dans lesquelles il introduit et développe en longueur et en profondeur cette expression littéraire particulière. Cette analyse démontre comment et pourquoi les nouveaux écrits confirment que « poétique et politique ne font qu'un » tel que le rappelle Thierry Léclère lors de son entretien avec Édouard Glissant. Ainsi, elle examine le lien étroit entre la poétique et la politique en créant un dialogue explicite et implicite entre les premières et les dernières œuvres par le truchement d'une relecture analytique des répétitions de mots, de groupes de mots, de phrases et de

---

[1] Voir la présentation de Jean Coursil : "Le Détour par la Négritude : Lecture glissantienne de Césaire."

paragraphes à la lumière des évènements socio-politiques importants ayant affecté le monde dans sa quasi-totalité à des moments quelconques de sa trajectoire historique. En guise d'illustration, une pluralité de concepts et de thèmes présentés poétiquement dans *Le Discours antillais* (1981) tels Diaspora, esclavage, créolisation et origines sont contextuellement représentés politiquement dans son adresse à Barack Obama, *L'intraitable beauté du monde* (2008) et dans *Mémoires des esclavages* (2007). Similairement, *Quand les murs tombent* (2007) et *Philosophie de la Relation* sont en quelque sorte des versions actualisées de *Poétique de la Relation* (1990) et *Introduction à une poétique du Divers* (1995), œuvres dans lesquelles il développe de manière abordable et contemporaine les questions centrales de l'identité, de l'immigration, de la Relation, de la diversité et des différences.

Cependant il est important de souligner que le fait que Glissant adopte et adapte l'événementiel « n'a pas pour objet de précipiter le politique » (*Les Entretiens de Bâton Rouge*, p. 55). Ses écrits ne sont ni réactifs ni emprisonnés dans « l'urgence du présent », un genre d'écriture qu'il discrédite dans le livre précité :

> [D]ans le travail de l'écriture, on oubliait ce qu'il y a derrière les luttes, c'est-à-dire les tremblements du savoir, on n'accomplissait pas le travail de l'écrivain, mais celui, nécessaire tout autant, du pamphlétaire ou du journaliste engagé ou du militant pressé d'obtenir des résultats (p. 60).

Dans son œuvre en général et les derniers écrits en particulier, Glissant expose non sans proactivité des sujets qui ne sont pas seulement relatifs à sa Martinique natale, à la France ou à un quelconque lieu spécifique mais plutôt au monde dans sa totalité. Il élargit son champ analytique tout en engageant et invitant les peuples d'horizons divers et différents dans son Tout-monde,[2] où colonisateur/colonisé, moi/autre, rési-

---

[2] Glissant, Édouard (*Quand les murs tomb*ent, p. 7) : *Kay tout moun*, un mot en créole qui veut dire « la maison de tous, [qui] appartient à tous et [dont] l'équilibre passe par l'équilibre de tous ».

dent/nomade se voient en tant que partenaires et parties de l'un et de l'autre. L'approche inclusive de Glissant veut forger un monde qui est régulé et régi : « not by essence or purity, but by the recognition of a necessary heterogeneity and diversity ; by a conception of "identity" which lives with and through, not despite, difference, by hybridity » (Stuart Hall, p. 235) [non pas par l'essence ou la pureté, mais par la reconnaissance d'une hétérogénéité et d'une diversité ; par une conception d'une identité qui vit avec et à travers, pas malgré, la différence, par l'hybridité ».[3]

Cette étude propose de faire une réévaluation analytique de l'œuvre de Glissant en tant que production critique très centrale dans les études francophones, postcoloniales et de la Diaspora noire dans son ensemble. L'analyse affirme que les écrits récents de Glissant publiés une à deux décennies plus tôt contribuent fondamentalement à l'enrichissement des grands débats dans ces disciplines par le biais d'une panoplie de questions directement et indirectement liées aux relations socio-politiques entre les mondes traditionnellement reclus et exclusifs du Centre et de la Périphérie, de l'Occident et du Reste du monde. En termes beaucoup plus spécifiques, Glissant redéfinit, transcende et déconstruit les approches binaires adaptées et adoptées dans ces disciplines dans l'évaluation des interrelations entre ces mondes.

Dans les études francophones, cette analyse participe à la représentation de l'œuvre de Glissant comme « the most substantial contribution toward an assertively French Caribbean literature to date » (Hallward, p. 64) [la contribution la plus considérable vers une vraie littérature antillaise francophone de nos jours]. Glissant a implicitement et explicitement influencé une grande majorité des productions littéraires contemporaines et de la pensée critique antillaise. L'un des

---

[3] Les traductions de l'anglais au français sont les miennes. Tout en reconnaissant l'existence des traductions originales de certains ouvrages de référence de l'anglais au français, j'ai décidé de m'atteler à ce travail de traduction très cher à l'auteur en question, Glissant. La traduction rime bien avec sa philosophie, car étant un exercice voire une manifestation poétique.

exemples les plus saillants de son influence est celui qu'il exerce sur l'un des pionniers du mouvement de la Créolité, Patrick Chamoiseau, avec qui il a collaboré dans la rédaction et la publication de certains de ses derniers écrits à savoir *L'intraitable beauté du monde, Quand les murs tombent, Manifeste pour les produits de haute nécessité* (2009) et *Traité pour le Grand Dérangement* (2009).[4]

En outre, cette contribution ne se limite pas aux Antilles francophones parce qu'elle s'ouvre aux nouvelles approches annoncées et énoncées dans les manifestes de renom à savoir *Pour une littérature-monde* (2007) et *Je est un autre : Pour une identité-monde* (2010) sous la direction de Michel Le Bris et Jean Rouaud non sans la co-signature de Glissant lui-même et d'autres écrivains et théoriciens de la francosphère entière tels Amin Maalouf, Jean-Marie Le Clézio, Maryse Condé et Abdourahman Waberi, entre autres. La littérature-monde déconstruit l'opposition catégorique entre la littérature française de l'Hexagone et celle dite francophone des anciennes colonies. Dans sa contribution dans le manifeste : *Pour une littérature-monde* intitulée « Pour une littérature-monde en français », Michel Le Bris précise que les principaux contours et buts de cette nouvelle approche littéraire sont « pour revenir à une idée plus large, plus forte de la littérature […] pour dire le télescopage, dans le creuset des mégapoles modernes, de cultures multiples, et l'enfantement d'un nouveau monde » (p. 41).

Même si Michel Le Bris et Jean Rouaud, les deux principaux coéditeurs des deux manifestes, n'admettent pas explicitement l'influence de Glissant sur l'initiation de cette approche inclusive dans leur chapitre introductif, il est très plausible d'affirmer que Glissant est le tisserand et est à la fondation du projet.

---

[4] Édouard Glissant et Patrick Chamoiseau sont les auteurs de ces deux œuvres en collaboration avec un vaste groupe d'artistes antillais de la Martinique, de la Guadeloupe, de la Réunion, et de la Guyane. Les auteurs du *Manifeste pour les produits de haute nécessité* sont : Ernest Breleur, Serge Domi, Gérard Delver, Guillaume Pigeard de Gurbert, Olivier Portecop, Olivier Pulvar, et Jean-Claude William. Quant au *Traité pour le Grand Dérangement*, les auteurs incluent tous ces écrivains précités en plus de Miguel Chamoiseau et de Danielle Laport.

Dans *Introduction à une poétique du Divers* et dans *Poétique de la Relation*, Glissant plaide pour la restructuration du domaine disciplinaire des études francophones en remettant en question la « ghettoïsation » du projet de la Francophonie dans ses aspects culturels et linguistiques. À l'instar de Salman Rushdie qui affirme dans *Imaginary Homelands* (1991) [Patries imaginaires] que « Commonwealth Literature does not exist » [La littérature du Commonwealth n'existe pas], Glissant rejette la classification spécifique de la littérature en zones géographiques régionales. À la place de cette dernière, il promet et promeut dans *Une Nouvelle région du monde* l'émergence d'une littérature qui « ne domine pas le monde [mais] s'y partage » sous la direction de ceux qu'il nomme « écrivains-monde » (p. 173). Dans *Aux États-Unis d'Afrique* (2006), Waberi fait le portrait de ces « écrivains-monde » non sans les définir comme ceux qui « n'ont pas de pays. Ils n'ont que des mots, des territoires, et des hommes à chérir en traversant ces mêmes pays » (p. 220).

De plus, l'autre caractéristique qui montre l'influence de Glissant sur la littérature-monde est reflétée dans sa politisation poétique de la notion « monde ». Cette notion est en fait un procédé littéraire central qu'il utilise dans le développement de la notion de base de l'identité dans l'identification de l'archipel antillais francophone. Dans ses écrits de l'avant-dernière décennie, Glissant récupère cette notion pour élaborer une nouvelle reconfiguration du monde dans son ensemble. Il développe le concept complet du Tout-monde pour décentraliser et déconstruire les visions binaires du monde cultivées par les adeptes passéistes de la colonisation et d'autres modèles de perpétuation de la mondialisation.

Cette étude supplémente et complète les initiatives littéraires critiques des grands spécialistes de Glissant tels Michael Dash, Celia Britton, Françoise Lionnet et Manthia Diawara en le redéfinissant comme une figure emblématique incontournable dans les études postcoloniales. Elle contribue à l'expansion dudit domaine en introduisant de nouvelles avenues menant aux grandes questions centrées sur les rapports entre l'Occident et le Reste du monde, le Centre et la Périphérie pour reprendre le jardon disciplinaire habituel. L'importance et la centralité de

Glissant permettent de considérer la redéfinition des concepts postcoloniaux de l'hybridité culturelle et de la diversité dans notre monde courant de la mondialisation. Cette étude ouvre des pistes complémentaires aux recherches précédentes sur l'hybridité linguistique menées par Britton dans son livre *Edouard Glissant and Postcolonial Theory* (1999) [Édouard Glissant et la théorie postcoloniale] dans lequel elle retrace les origines de la langue créole pour rediriger les débats postcoloniaux traditionnels sur la dynamique relationnelle entre les langues coloniales et celles « subalternes ».

Le modèle archipélique de Glissant de l'hybridité culturelle se démarque des méthodes traditionnelles dans la postcolonie qui ne font que reproduire fondamentalement les tactiques coloniales pour dénoncer le lourd fardeau de l'homme blanc imposé sur elle par l'Empire. Dans *Les Entretiens de Bâton Rouge* avec Alexandre Leupin, Glissant affirme que les échecs de la décolonisation étaient d'autant plus prévisibles que les élites politiques et littéraires adoptaient et adaptaient le modèle du maître blanc : « [J]'avais le pressentiment que ces luttes avaient été conduites sur le même modèle imposé par ceux-là à qui elles s'opposaient » (p. 58). Le discours transcendantal « entre-deux » accommode de manière proactive les deux extrêmes centraux/coloniaux et périphériques/anticoloniaux. Exprimée par la voie du Tout-monde, cette perspective devient : « the inaugural moment of postcolonial imagination that places the spatial and geographical in-betweeness and relationality at the center of his theoretical concerns » (« The Birthplace of Relation », p. 476) [le moment inaugural de l'imagination postcoloniale qui place l'entre-deux spatial et géographique et la relationalité au centre de ses questions théoriques] (Le Lieu de naissance de la Relation).

En outre, l'autre contribution importante de Glissant dans les études postcoloniales est le déplacement et la décentralisation des questions postcoloniales du monde de l'ancien colonisé à celui de l'ancien colonisateur. Ce changement transitionnel d'intérêt permet au public d'avoir une image plus complète des réalités globales vécues par les immigrés au sein même de leur nouveau pays, montrant ainsi la complexité que

« the periphery, which has been so profoundly changed by colonialism, now in turn causes an equally profound change in the metropolitan "center" » (*Edouard Glissant and Postcolonial Theory*, p. 15) [la périphérie, qui a été très profondément changée par le colonialisme, cause maintenant à son tour un changement aussi profond dans le "centre" métropolitain] (Édouard Glissant et la théorie postcoloniale).

Finalement, dans les études de la Diaspora, cette contribution participe au réexamen des rapports historiques entre l'Afrique et les Amériques exposés par une série de principaux concepts théoriques développés par Glissant : géo-poétique, nation-relation et patrie. Dans ses derniers écrits, le traitement de l'expérience des Noirs connaît une nouvelle tournure qui ravive les débats sur la représentation de l'Afrique et de ses traces dans les Amériques en général et dans les Antilles en particulier. Beverley Omerod souligne dans « Beyond Negritude » [Au-delà de la Négritude] que l'approche décisive de Glissant repose sur sa représentation « réaliste » de l'identité antillaise, qui offre « a new world view, of which the Caribbean is the center [while] Africa remains present in his system of thought, but not as a metaphor for black beauty or vanished dignity : Africa is […] an instructive actuality, a paradigm of social cooperation (p. 362) » [une nouvelle vision du monde dans laquelle les Antilles sont le centre [au moment où] l'Afrique reste présente dans son système de pensée, non pas en tant que métaphore de la beauté noire ou de la dignité absente : l'Afrique est […] une actualité instructive, un paradigme de la coopération sociale].

Cette étude encourage un nouveau regard sur les dé/connexions entre les spécialistes de la Diaspora noire habituellement confinées dans la multitude de rencontres et d'influences entre les écrivains et théoriciens du mouvement de la Négritude dans l'entre-deux guerres sous l'égide d'Aimé Césaire, de Léopold Sédar Senghor et de Léon-Gontran Damas à Paris et de ceux de la Renaissance d'Harlem aux États-Unis tels James Baldwin, Countee Cullen, Langston Hughes et William Dubois. La politisation poétique de l'expérience des Noirs enrichit les nouveaux débats sur la Diaspora au sein des

Antilles largement dominés par les théoriciens anglophones et les pionniers des *Black British Cultural Studies* à savoir Paul Gilroy, Derek Walcott, Stuart Hall et Caryl Philips dont les œuvres populaires ont paru des années voire des décennies après que Glissant a déjà théorisé en français certains des concepts centraux assez reconnus : la patrie, l'identité, l'hybridité et la Diaspora, entre autres.

Glissant reconsidère les deux questions les plus fondamentales dans les études de la Diaspora, l'esclavage et le colonialisme et leurs impacts sur les peuples dominés dans le monde en général et les Amériques en particulier. Il déconstruit l'interprétation traditionnelle de ces institutions historiques par un réexamen nuancé de ces derniers. Dans son interview avec Manthia Diawara dans *Édouard Glissant : Un Monde en Relation* (2010), Glissant redéfinit l'esclavage en ces termes non dépourvus de sens et de symbolisme :

> C'est Christophe Colomb qui est parti et c'est moi qui suis revenu ; ce n'est pas moi Édouard Glissant, cela veut dire que ceux qu'on a fait partir comme esclaves ne reviennent pas comme esclaves, ils reviennent comme entités non pas seulement libres mais qui a gagné quelque chose sur la densité de l'humanité et qu'est-ce qu'elle a gagné ? La multiplicité.

Tel que suggéré dans la citation, Glissant trace de nouvelles pistes dans les études de la Diaspora, qui revisitent le legs de ces paradigmes historiques de la négativité à une potentielle positivité, un sujet principal dans les deux premiers chapitres.

Cette étude montre que Glissant se redéfinit à son public d'un théoricien abstrait à un écrivain concret dans les nouveaux écrits qui constituent ce corpus. Ce changement alternatif est perçu dans la focalisation sur l'événementiel comme médium de clarification des concepts théoriques fondamentaux. Dans *Quand les murs tombent* et dans *L'intraitable beauté du monde* par exemple, Glissant saisit respectivement la politique de « l'immigration choisie » de Nicolas Sarkozy et l'élection phénoménale de Barack Obama en tant que premier président noir-Américain en 2008 pour expliquer les concepts opaques de l'identité, de la culture, de la Diaspora et de la créolisation théorisés dans les premiers écrits. Du premier chapitre au dernier, l'analyse porte sur comment et pourquoi Glissant repose les principales questions contemporaines et leurs répercussions sur l'Afrique, les Antilles francophones, la France et finalement le Tout-monde, qui embrasse toutes les parties du monde de manière imaginative et imaginaire. De surcroît, il importe d'analyser comment et pourquoi Glissant établit et complémente son rôle d'écrivain littéraire et de théoricien avec celui d'historien dans le premier chapitre, d'anthropologue dans le deuxième, d'expert politique et d'économiste dans le troisième et le quatrième dans sa mise en exergue de ces sujets critiques d'actualité mondiale.

Dans le chapitre d'ouverture de cette étude, « La Redéfinition de l'expérience des Noirs », l'analyse porte sur la perspective de Glissant sur les histoires des Antilles francophones du *Discours antillais* aux *Mémoires des esclavages*. L'accent est mis sur le principal « point d'intrication » comme moment par excellence de la renaissance de l'archipel antillais francophone. Ce moment spécial est le pan le plus crucial du récit des origines de l'archipel antillais en général et de la Martinique en particulier. Il est le nœud de cette analyse de la théorisation de la notion de l'histoire dans le sens antillais du terme, de la représentation de l'Afrique et de la réévaluation du paradigme historique de l'esclavage à la lumière de la Loi Taubira[5] en France.

Ce chapitre explore la représentation de Glissant de l'expérience des Noirs en interrelation avec ses prédécesseurs, les chantres de la Négritude et ses successeurs les Créolistes, avant, durant et après le point central d'intrication par le développement de la technique révolutionnaire du détour par opposition au retour. L'analyse évalue comment Glissant émerge en tant qu'historien révolutionnaire qui défie l'institution établie des chroniqueurs coloniaux dans sa noble entreprise de

---

[5] Votée le 21 mai 2001 par l'Assemblée nationale française sous l'initiative de Christiane Taubira, ancienne députée de la Guyane et ancienne Ministre de la Justice et Garde des Sceaux, la Loi Taubira reconnaît l'esclavage comme crime contre l'humanité.

réécriture des versions falsifiées et incomplètes de l'Histoire antillaise présentées non seulement par ces derniers mais aussi par ses aînés, les pionniers de la Négritude. Glissant réexamine l'importance signifiante ou insignifiante de l'histoire en revisitant la conception actuelle du temps aux Antilles et les relations historiques entre l'Afrique et les Amériques par le biais d'un récit progressif des événements historiques de l'esclavage et du colonialisme allant du point d'intrication à nos jours.

Dans le deuxième chapitre, « L'exceptionnalité archipélique », l'argument principal porte sur la manière dont Glissant remplit sa fonction d'historien dans le récit des impacts de l'esclavage et du colonialisme sur l'archipel antillais. Comment réhabilite-t-il le migrant-nu[6] dans son entreprise d'affirmation de soi rendue possible par une recollection exceptionnelle des traces diverses héritées de l'Afrique, des Amériques et de l'Asie ? L'analyse élabore comment le migrant-nu transforme l'archipel antillais en « berceau des identités » en référence comparative au continent africain, classiquement vu par les anthropologues, les archéologues et les historiens comme « berceau de l'humanité ».

L'analyse met en exergue la manière poétique et politique dont Glissant projette l'archipel antillais post-esclavage en tant que miroir du monde actuel dans sa totalité. Glissant, en collaboration avec d'autres artistes et activistes politiques, adresse les interrelations socio-politiques entre la France et ses DROM-COM[7] au lendemain de la grève générale aux Antilles francophones en 2009. Quelles sont les dis/similitudes sociétales entre l'ancien migrant-nu et ses descendants, les habitants des DROM-COM ? Quelles leçons peuvent-ils tirer des conditions de vie de leur ancêtre ? Comment et pourquoi la vision socio-politique de Glissant sur les DROM-COM vis-à-vis de la Métropole française a changé au fil du temps dans sa car-

---

[6] Glissant oppose le migrant-nu au migrant-armé venant de l'Euro-Amérique et au migrant-familial/fondateur venant de la Méso-Amérique.

[7] DROM=Départements et Régions d'Outre-Mer ; COM=Collectivités d'Outre-Mer en remplacement aux DOM-TOM=Départements d'Outremer ; TOM=Territoires d'Outre-Mer.

rière d'activiste politique, du milieu du vingtième siècle au début du vingt-et-unième ?

Le troisième chapitre, « La France hostile », étend complémentairement l'analyse des impacts historiques de l'esclavage et du colonialisme de l'archipel antillais à l'intérieur de la Métropole. Comment est-ce que Glissant assume le rôle d'expert politique dans son évaluation de l'administration politique, économique et sociale de la France face à l'invasion des immigrés en général et de ceux francophones en particulier ? Cette approche mène à un examen plus complet des relations actuelles entre la France et ses autres mondes pour reprendre le sous-titre du livre d'Elizabeth Mudimbe-Boyi intitulé *Empire Lost : France and its other worlds* (2009) [La Perte de l'Empire : La France et ses autres mondes].

En se basant principalement sur *Quand les murs tombent* de Glissant et de Chamoiseau, l'analyse est axée sur leur critique du modèle républicain prôné par Nicolas Sarkozy et sa politique instrumentaliste de l'immigration et de la création de son « mur-ministère », le Ministère de l'Immigration, de l'Intégration, de l'Identité nationale et du Co-développement en 2007. Ceci nécessite une mise en exergue des différentes perspectives du débat sur l'identité nationale et de la poétique et politique de l'identité inspirée du rhizome de Gilles Deleuze et Félix Guattari comme alternative viable au modèle français de l'identité racine unique.

Le dernier chapitre, « Vers des totalités imaginaires », porte sur le concept théorique du Tout-monde, une sorte de zone de contacts[8], dans lequel l'Occident et le Reste du monde coexistent et encouragent les différences sans pour autant qu'il y ait un culte d'une hiérarchie imposée ou imposante. La vision socio-politique de Glissant du monde dans sa totalité est de mise par l'application d'une de ses maximes principales : « agis dans ton lieu, pense avec le monde » tout en vivant de manière solitaire et solidaire, tel qu'il le mentionne dans ses écrits politiques récents.

---

[8] Voir le livre de Mary Louise Pratt : *Imperial Eyes : Travel Writing and Transculturation* (2007) [Yeux impériaux : Écriture de voyage et transculturation].

L'analyse évoque comment et pourquoi Glissant évalue la situation actuelle du monde qui est sous le contrôle de l'Occident, qui perpétue les mêmes tactiques coloniales sur le Reste du monde sous des formes plus subtiles et sophistiquées. En utilisant l'exemple par excellence des DROM-COM, l'accent est mis sur son rejet de toute forme universelle, systémique et systématique à travers son baromètre théorique de la « mondialité » dans les domaines cruciaux de l'économie et de la politique, un plaidoyer pour un monde équitable et dynamique où la Relation, la diversité et les différences règnent, permettant ainsi au moi d'être en échange constant avec l'autre.

Chapitre I :

La Redéfinition
de l'expérience des Noirs

La réévaluation de l'expérience des Noirs aux Amériques est l'une des questions les plus centrales dans la fiction antillaise aussi bien dans les régions francophones que dans celles anglophones. Dans la littérature et la pensée critique antillaises anglophones, les analystes dans les études postcoloniales et dans celles de la Diaspora noire considèrent Stuart Hall et Paul Gilroy comme étant les champions des *Black British Cultural Studies*. Dans son ouvrage de référence, *The Black Atlantic* (1993) [L'Atlantique noire], Gilroy explore l'héritage des Noirs sous une forme tripartite : la musique, l'esclavage et le bateau négrier dans son articulation du concept de l'atlantique noire, qui est définissable en tant que processus perpétuel d'échanges et de la traversée de l'Atlantique ayant donné naissance à une nouvelle « unfixed transnational Black identity » [identité noire transnationale en évolution].

De même, dans la littérature antillaise francophone, la représentation de l'expérience des Noirs dans l'interprétation discursive de l'Afrique et de ses traces a émergé en tant que leitmotiv de la théorisation paradigmatique des expressions littéraires classiques de la Négritude, de l'Antillanité et de la Créolité, mouvements qui seront étudiés en longueur et en profondeur dans ce chapitre introductif. L'Antillanité de Glissant est loin de faire l'exception de cette règle littéraire car l'Afrique et son héritage noir ont toujours joué un rôle prépondérant des écrits initiaux (*Soleil de la conscience* (1956), *La Lézarde* et *Le Discours antillais*) aux plus récents (*Mémoires des esclavages* et *L'intraitable beauté du monde*).

Ce chapitre explore la théorisation du temps, l'un des trois paradigmes[9] les plus fondamentaux de la poétique entière de Glissant dans sa mise en relief de la représentation spéciale de l'expérience des Noirs aux Antilles. Son utilisation de cet outil poétique lui permet d'actualiser et d'exprimer ses positions politiques sur l'esclavage et sur le colonialisme en général. Dans la première partie du chapitre, « Glissant et l'Histoire », l'accent est mis sur sa conceptualisation poétique du temps au sens antillais du terme. Glissant se présente comme un historien atypique dans sa redéfinition de l'histoire ou plutôt des histoires des Antilles dans ses réponses aux questions suivantes : Quel est son sens de l'histoire et comment se démarque-t-il de celle occidentale ? Dans la deuxième partie, « l'Afrique dans les paradigmes littéraires », l'analyse est axée sur les controverses relatives à la représentation de l'Afrique sous l'angle conceptuel de l'Antillanité en comparaison avec les mouvements de la Négritude et de la Créolité. En d'autres termes, cette partie démontre comment la tradition afro-antillaise est perçue dans ces mouvements poétiques et politiques précités tout en accordant une attention particulière à la fonction principale de l'Afrique dans la redéfinition affirmative de l'identité antillaise. Et finalement, dans la dernière partie du chapitre, « Repenser l'esclavage aujourd'hui », l'évaluation analytique prend en considération la dimension actuelle des questions historiques de l'esclavage et du colonialisme en France et dans le monde. La perspective de Glissant est située à la lumière des débats en cours sur les réparations et sur la Loi Taubira de 2001 en France sous la présidence de Jacques Chirac et de Nicolas Sarkozy.[10]

I. GLISSANT ET L'HISTOIRE

L'analyse de la théorisation poétique de l'histoire dans l'œuvre de Glissant nécessite un réexamen du parcours de l'auteur lui-même en tant qu'écrivain, théoricien et activiste poli-

---

[9] Les deux autres paradigmes sont l'espace et la langue.
[10] Jacques Chirac (1995-2007) et Nicolas Sarkozy (2007-2012).

tique engagé dans le combat de la cause des Noirs dans le monde en général et aux Antilles en particulier. Au tout début de sa carrière, Glissant a participé à beaucoup de mouvements et de commissions pour la défense et l'illustration de l'héritage des Noirs aux Antilles. À l'instar d'une grande majorité d'écrivains et de théoriciens de la Diaspora noire comme Cheikh Anta Diop, Aimé Césaire, Alex Haley, Glissant s'est assigné le fameux rôle d'historien et de « réveilleur de conscience » pour reprendre l'appellation formulée par son compatriote Frantz Fanon pour représenter et rectifier les faux récits historiques produits par les colons et les colonisateurs dans leurs chroniques coloniales.

Lors d'une table ronde organisée par Jacques Chevrier avec Patrick Chamoiseau, Cheikh Hamidou Kane, Wole Soyinka et Lothar Baier, « De l'esclavage au Tout-monde », en 1998, Glissant affirme que la fonction primordiale de tout écrivain des « peuples sans histoires » est de mener à bien une mission pertinente et permanente digne d'un historien : « Je rappelle qu'un écrivain est quelqu'un qui extrait sa parole d'un terreau, qui est peut-être le terreau du passé, qui est le terreau à venir, qui est peut-être la parole d'un Dieu qu'il a écouté, qui est la voix d'un peuple qu'il a écouté » (p. 57). Cette position est maintenue une décennie plus tard dans ses écrits plus récents tels *Mémoires des esclavages* et *Philosophie de la Relation* dans lesquels il rappelle l'importance de cette mission dans la représentation commémorative des événements et des réunions historiques ayant regroupé les écrivains et les activistes de la Diaspora noire. Dans le dernier livre précité, *Philosophie de la Relation*, Glissant se remémore d'un moment historique, le Congrès des écrivains et activistes noirs ayant eu lieu en 1956 à la Sorbonne. Après avoir loué les travaux remarquables des pionniers de la Négritude tels Senghor, Césaire et Damas et de ceux de la Renaissance d'Harlem représentés par Hughes, Countee Cullen et Dubois, Glissant accentue le rôle catalyseur du congrès dans la fondation de la mission cruciale des activistes de la Diaspora noire. Glissant évoque l'émergence d'une « très nouvelle spiritualité » ayant permis à une sorte de diversité unique au sein du monde noir. Le congrès a joué une fonction non négligeable dans la quête de la décolonisation dans beaucoup de pays dans les années 1960. Il a favorisé une reconnaissance sans faille de la notion remarquable des « différences » entre ceux qu'il nomme artistes et écrivains des origines et ceux de la Diaspora. Ces différences sont loin d'être une déficience car elles n'ont aucune implication séparatiste. En effet, elle dénote une richesse qui engendre une adaptation et une adoption d'une nouvelle diversité diasporique. Le congrès a donc facilité une stratégie de combat communale sous une forme d'exécution horizontale allant du local au global à travers le monde noir de l'Afrique aux Amériques.

L'évaluation de ce congrès mémorable par Glissant ne donne pas une image compréhensive et réelle des effets sur les politiques promues dans ces réunions parallèles. Modelé sur une base verticale d'unité diverse en opposition à la forme horizontale de Glissant, l'approche de la Négritude s'est avérée beaucoup plus appropriée dans la bataille pour la reconnaissance et la valorisation des Noirs dans l'unification et la collaboration des forces vives du Continent et de sa Diaspora. Elle a certainement servi à contrecarrer les politiques de *l'establishment* du « diviser pour mieux régner » en incitant effectivement et affectivement un sens de l'urgence du moment et de solidarité à tous les niveaux où les Africains et leurs descendants se sont regroupés en un ensemble fort.

En plus, l'aspect assez problématique de l'évaluation de Glissant est sa dimension quelque peu exagérée du rôle des écrivains et des artistes dans l'accentuation du processus de la décolonisation dans les années 1960. Tout en étant d'accord avec lui sur le rôle joué par ces derniers dans ledit processus, il est à admettre que les « tirailleurs sénégalais » ont eu un impact assez significatif. Ayant participé au front de la victoire des Forces alliées en général et de la France en particulier durant les deux guerres mondiales, les tirailleurs sont retournés du champ de bataille au bercail animés par le désir et la détermination de se libérer définitivement du joug de leurs « maîtres ». Ceci a mené à de vives tensions et de débats sur l'indépendance entre les colonisateurs et les colonisés vers la fin des années 1950 et le début des années 1960, tel que détaillé dans le discours du général De Gaulle à Brazzaville le 21 août 1958 dans lequel il propose à la gent dirigeante africaine deux options : l'indépendance totale ou la dépendance de la communauté de la Métropole et de ses territoires d'Outre-mer.[11]

La redécouverte de ces événements historiques dans les œuvres de fiction et de non-fiction démontre la dimension cruciale que Glissant attribue à l'histoire. Avant d'étudier les caractéristiques fondamentales de la ré-imagination de l'histoire de l'expérience des Noirs dans les Antilles, il est important d'analyser la perspective ou plutôt la perception de Glissant sur et de l'histoire. Pour mieux la représenter, Glissant juxtapose en général deux types d'histoire : l'histoire telle que présentée dans la chronique coloniale et la contre-histoire. Ces deux types rappellent l'articulation de Paul Ricœur de l'histoire nationale dans son livre, *La Mémoire, l'histoire et l'oubli* (2003) dans lequel il divise l'histoire en deux discours différents : le discours patriotique basé sur les exploits de la conquête et l'histoire narrative basée sur la vérité. Glissant rejette le premier et opte pour le second dans son entreprise de réécriture de l'histoire ou plutôt des histoires des Antilles.

Dans *Une Nouvelle région du monde*, Glissant développe ces deux représentations contrastives de l'histoire. Il plaide en faveur d'un récit historique plus vrai qu'il nomme l'histoire du vécu tout en déniant l'histoire de la chronique coloniale qui est adoptée par ceux qu'il appelle : « les historiens du modèle unique » : « Ils dirent que la fiction fondait l'art d'exprimer le monde et dirent qu'ils étaient les seuls à faire l'Histoire, ils se vantaient d'être les premiers à avoir le droit de dérouler des histoires, c'est-à-dire encore, ce récit » (pp. 37-38). Cette citation expose une panoplie de questions centrales qui sont classiques au cœur des débats sur l'existence ou l'inexistence et la pertinence ou l'impertinence de l'histoire chez les peuples colonisés. Suivant les pas de ses prédécesseurs comme Damas et Césaire, Glissant bat en brèche les arguments mis en avant par l'administration coloniale et sa politique classique de la mission civilisatrice faisant croire aux « su-

---

[11] Voir la menace de De Gaulle aux porteurs de pancartes à Dakar le 28 septembre 1958 : « Vous voulez l'indépendance, prenez-la. Prenez-la pour le meilleur et pour le pire ».

balternes » que leurs ancêtres étaient des Gaulois. La mission primordiale de tout écrivain ou plutôt de tout historien chez les peuples ayant été réduits à l'esclavage et au colonialisme aussi bien en Afrique que dans les Amériques est de rejeter cette déclaration fallacieuse et assimilationniste. Dans son essai *Hopes and Impediments* (1964) [Espoirs et obstacles], Chinua Achebe nie les affirmations gratuites faites par la chronique coloniale dans sa définition du rôle de l'écrivain dans une nouvelle nation tout en rappelant la préexistence de l'histoire et de la culture africaines avant l'arrivée non sollicitée des Blancs :

> African peoples did not hear of culture for the first time from Europeans; [...] their societies were not mindless but frequently had a philosophy of great depth and value and beauty that they had poetry, and, above all, they had dignity. It is this dignity that many African peoples all but lost in the colonial period, and it is this dignity that they must now regain. The worst thing that can happen to any people is the loss of their dignity and self-respect. The writer's duty is to help them regain it by showing them in human terms what happened to them, what they lost (p. 7).

> Les peuples africains n'ont pas entendu parler de culture par le biais des Européens pour la première fois ; [...] leurs sociétés n'étaient pas irréfléchies mais, au contraire, elles avaient fréquemment une philosophie de grande profondeur, de valeur et de beauté, elles avaient la poésie et au-dessus de tout elles avaient la dignité. C'est cette dignité que beaucoup de peuples africains avaient perdue lors de la période coloniale et c'est cette dignité qu'ils doivent regagner. Le pire qui puisse arriver à un peuple quelconque est la perte de la dignité et du respect de soi. Le devoir de l'écrivain est d'aider à la regagner en leur montrant en termes humains ce qui leur est arrivé, ce qu'ils ont perdu.

Sur un ton et un mode assez similaire, Glissant attaque l'histoire classiquement racontée par les colons et les colonisateurs dans *Le Discours antillais*. Il réfute la représentation énumérative classique de l'histoire martiniquaise, de Christophe Colomb de 1502 à 1975 avec l'avènement de la Doctrine de l'assimilation économique dans les repères du « Leurre chronologique » (*Le Discours antillais*, p. 7). Dans son analyse du concept de dépossession en concert avec les repères de l'illusion chronologique, Glissant trouve que l'histoire de la Martinique dans la chronique coloniale est une réduction simple voire simpliste : « Une fois ce tableau chronologique dressé, complété, tout reste à débrouiller de l'histoire martiniquaise. Tout reste à découvrir de l'histoire antillaise de la Martinique » (p. 27). Il propose ainsi une mission de réhabilitation de ce tableau chronologique, ce passé forcé, à travers une exploration et une exposition de la vie complexe des peuples soumis avant et après l'envahissement de l'archipel antillais.

Dans le cadre de la démonstration de la préexistence d'une histoire bien fondée, Glissant et ses collaborateurs dans la Diaspora réfutent cette affirmation coloniale des « fictionneurs » qui défendent que l'histoire ne peut être qu'écrite, une position faisant table rase d'un héritage divers et riche préservé dans l'oralité par le griot.[12] Dans le contexte continental africain, la référence est le rôle valeureux du griot dans le livre de Camara Laye par exemple, *Le Maître de la parole* (1978), qui sanctifie sa fonction dans l'historiographie de Soundjata, le roi exemplaire de l'empire mandé. Un autre exemple bien connu est l'histoire du Kourougan Fouga ou la Charte du Mandé inscrite dans la liste culturelle intangible du patrimoine de l'Unesco. Ce texte oral traditionnel sert de constitution de l'empire du Mali après la mémorable bataille du Kirina en 1935, légiférant les dynamiques relationnelles entre les différents clans de la fédération mandé sous une loi communale.

Dans le contexte antillais aussi, il y a une valorisation panégyrique des traditions orales dans le rétablissement des cultures créoles par Glissant et surtout par ses successeurs, les Créolistes en particulier. Dans leur manifeste, *Éloge de la Créoli-*

---

[12] Voir le livre de Thomas Hale : *Griots and Griottes* (1998) [Griots et Griottes] dans lequel l'auteur présente le griot comme le maître de la parole et de la musique dans les sociétés de l'Afrique occidentale.

té (1989), Bernabé, Chamoiseau et Confiant mettent l'accent sur la centralité de l'oralité en tant qu'une des fabriques principales de l'identité créole :

> Véritable galaxie en formation autour de la langue créole comme noyau, la Créolité connaît encore aujourd'hui un mode privilégié : l'oralité. Pourvoyeuse de contes, proverbes, « titim », comptines, chansons etc., l'oralité est notre intelligence, elle est notre lecture de ce monde, le tâtonnement, aveugle encore, de notre complexité (p. 33).

Dans la redécouverte de l'histoire cachée dans l'œuvre de Glissant, il y a évidemment un sens de précédent et d'attachement au milieu social des différents peuples antillais par le biais de l'oralité. Dans *Essai sur une mesure du monde au XXᵉ siècle* (2002), Romuald Fonkoua analyse comment Glissant transforme l'esclavage en un « fait social total » imposant lui-même une « hyperconscience sociale » qui laisse des traces indélébiles sur les peuples asservis (pp. 174-175). Glissant expose de manière détaillée ce phénomène dans *Mémoires des esclavages* et invite les parties concernées, les bourreaux et les victimes à réévaluer les inter-complexités nées des interactions entre les protagonistes en question.

La réhabilitation de cette histoire cachée de l'esclavage comme un « fait social total » ou une expérience de vie vécue par le migrant-nu ne s'aligne pas à certains égards avec la perception de Frantz Fanon de l'expérience des Noirs aussi bien aux Antilles qu'en Afrique. Dans *Peau noire masques blancs* (1952), Fanon rejette cette volonté accentuée des avocats de la cause noire à raviver les événements historiques en général et l'esclavage en particulier. Plutôt que de camper sur cette position, Fanon invite psychologiquement les différents protagonistes à aller au-delà de ce passé accablant et à se projeter vers l'avenir :

> Je ne suis pas prisonnier de l'Histoire. Je ne dois pas y chercher le sens de ma destinée. Je dois me rappeler à tout instant que le véritable saut consiste à introduire

l'invention dans l'existence. Dans le monde où je m'achemine, je me crée interminablement (p. 186).

L'approche de Fanon relative à cette question de réhabilitation de l'expérience vécue des Noirs n'est point une suggestion de passer sous silence total ces moments historiques de l'esclavage et du colonialisme, qui sont d'ailleurs les sujets principaux de son œuvre. Il les condamne aussi bien en théorie qu'en pratique mais affirme que la grande majorité des défenseurs de la cause noire, tels les pionniers de la Négritude, créent plus de problèmes que de solutions. Il est en faveur d'une approche plus futuriste menant vers ce qu'il appelle « l'universalité de la condition humaine » qui est dépourvue de tout principe séparatiste. Fanon défie plus les victimes que les bourreaux dans la perception des événements passés parce que les premiers sont plus susceptibles de tomber dans le piège tendu par les derniers qui consiste à reproduire et perpétuer leurs tactiques aliénantes non sans créer ce qu'il appelle « envie ».

Dans ses écrits plus récents, Glissant suit en quelque sorte les pas de Fanon malgré son insistance sur la représentation de l'histoire de l'esclavage comme aspect fondamental de son œuvre en général. Sa réinterprétation n'emprisonne pas les différents protagonistes qu'il invite et engage dans *Mémoires des esclavages*, qui est d'ailleurs l'objet de l'analyse dans la dernière partie de ce chapitre portant sur la dimension actuelle de l'esclavage au lendemain des débats sur les réparations et de l'adoption de la Loi Taubira.

Dans son entreprise de réhabilitation et de représentation de l'histoire cachée, Glissant donne une image beaucoup plus adéquate de l'histoire qui est représentative des réalités de l'archipel antillais. Celle-ci implique une réfutation de toute forme hégémonique ou universelle de l'histoire concentrée sur les réalisations et les exploits grandioses des figures extraordinaires au détriment de la vie simple et riche des figures ou personnes ordinaires. Cette approche est en contradiction non seulement avec la représentation occidentale de l'histoire mais aussi avec celle de ses prédécesseurs. Glissant n'imite point Césaire qui, dans sa contre-attaque de l'histoire occidentale, adopte l'approche conquérante dans sa réhabilitation du passé d'Haïti par exemple. Il concentre cette dernière sur la figure emblématique et extraordinaire de Toussaint Louverture dans *Toussaint Louverture et le problème colonial* (1961) :

> Dans l'histoire et dans le domaine des droits de l'homme, [Toussaint Louverture] fut pour le compte des nègres, l'opérateur et l'intercesseur. Cela lui assigne sa place, sa vraie place. Le combat de Toussaint Louverture fut […] le combat pour la *reconnaissance* de l'homme et c'est pourquoi il s'inscrit et inscrit la révolte des esclaves noirs de Saint-Domingue dans l'histoire de la civilisation universelle (p. 344).

En revanche, l'alternative de Glissant à cette façon classique de relater l'histoire dans la chronique coloniale et celle imitée par les pionniers de la Négritude est axée sur l'événementiel aux dépens du chronologique. Autrement dit, Glissant rejette la réduction simpliste de l'histoire en une série de dates au profit des événements et des lieux ayant participé à la formation de la vie sociale des différents peuples ordinaires. Dans son roman, *Mahogany* (1987), par exemple, il dénonce : « [L]a date ne convient pas aux tourments, intitule de jeudifier ou de dimancher la trace écrite ni même d'avancer le quantième. Il est un que j'abandonne c'est la datation » (p. 62).

Dans son remplacement du tableau chronologique par celui événementiel, Glissant écarte la linéarité du temps. Dans sa contribution au manifeste *Pour une littérature-monde* intitulée « Solitaire et solidaire : Entretien avec Édouard Glissant », Glissant affirme que l'approche linéaire ne sied pas à la réécriture de la vraie histoire de l'archipel antillais et des peuples colonisés à travers le monde : « Il n'y a non pas une linéarité temporelle dans la mémoire historique du colonisé mais une espèce de chaos dans lequel il tombe et coule ; c'est pourquoi je dis toujours que nous dévalons les roches du temps » (p. 49). Ce rejet de la linéarité qui caractérise le temps occidental dans la chronique coloniale a une dimension africaine et diasporique. Le temps africain est classiquement défini comme étant circulaire,[13] une conception profondément enracinée dans la croyance populaire qui enseigne que « les morts ne sont pas morts » telle qu'exprimée de façon assez nette dans « Le Souffle des Ancêtres » de Birago Diop dans *Leurres et lueurs* (1960). L'adaptation et l'adoption de l'interprétation circulaire du temps est un motif qui permet à Glissant d'inclure les histoires des différentes nations ayant peuplé les Amériques, remplaçant l'Histoire par une « tresses d'histoires » une dénomination des Créolistes dans leur *Éloge de la Créolité* (p. 26). Dans *Philosophie de la Relation*, Glissant est en phase avec ses successeurs en remarquant que « Là où les histoires des peuples se rencontrent finit l'histoire avec grand H » (p. 124).

Puisque la chronique coloniale abrège en général la grande majorité des histoires diverses, l'écrivain ou l'historien des Antilles est appelé à les déterrer par le biais de l'avenue à la fois de l'absence et de la présence. Cette avenue est balisée par la notion de l'histoire cachée développée tantôt, une forme définie par Glissant comme « une histoire qui se dit sans se dire tout en se disant » (*Mémoires des esclavages*, p. 56). Cette approche de l'histoire cachée voire perdue recoupe bien le concept de l'histoire imaginée de Derek Walcott dans son article : « The Caribbean : Culture or Mimicry » (1974) [Les Antilles : Culture ou mimétisme] :

> In the Caribbean, history is irrelevant, not because it is not being created, or because it was sordid but because it has never mattered, what has mattered is the loss of history, the amnesia of races, what has become necessary is imagination, imagination as necessity, as invention (p. 6).

> Dans les Antilles, l'histoire est hors de propos, non pas parce qu'elle n'est en cours de création, ou parce qu'elle était sordide mais parce qu'elle n'a jamais été une question fondamentale, ce qui a été d'une importance capitale est la perte de l'histoire, l'amnésie des races, ce qui est devenu nécessaire est l'imagination, l'imagination comme nécessité, comme invention.

---

[13] Le temps est représenté dans la tradition de la mythologie Yoruba par la figure d'un serpent qui mord sa propre queue.

Dans son imagination de la série des histoires plurielles non racontées laissées en rade par le tableau colonial, Glissant élève le migrant-nu dans son entreprise de recréation à partir du néant et de l'incertitude qui marquent son entourage. Cette entreprise transforme l'histoire des Antillais en une aventure transversale qui se constitue continuellement dans le temps et dans l'espace. Dans *Mémoires des esclavages*, l'un de ses derniers essais dans lequel il développe la notion de l'histoire transversale, Glissant admet que cette nouvelle forme est en perpétuelle construction : « [L]es assemblements (de cette histoire) inédits restent encore à découvrir » (p. 34) ».

L'histoire transversale est elle-même d'autant plus problématique qu'elle requiert une multitude de révisions car tout est en mouvement constant et en redécouverte à tous les niveaux. Le grand défi reste l'adéquation proportionnelle et proportionnée de « l'histoire du vécu » aussi bien des gens extraordinaires que de ceux ordinaires dans le contexte antillais. Cette histoire transversale récente apparaît comme un autre motif permettant à Glissant de solidifier et d'être en accord avec bon nombre de ses questions qui tournent autour du Tout-monde. Glissant est quelque peu trop ambitieux et met en veille beaucoup d'interrogations non résolues qui sont très cruciales dans la représentation du récit des histoires du monde colonisé qui font partie intégrante de l'Histoire des humanités à tous les égards. En d'autres termes, il passe rapidement du global au local et rend l'entreprise entière plus complexe. Sa critique principale de l'approche de ses prédécesseurs et des chroniqueurs coloniaux, les « fictionneurs », relative à la simplification ou la réduction exagérée des histoires riches des Antillais peut s'appliquer à sa propre version, car elle rend complexes et compliquées les histoires de l'archipel en constante redéfinition. Cette complexité accrue est en effet très apparente dans son récit de la tradition afro-antillaise véhiculée à travers son Antillanité, une expression poétique et politique qui complémente et complique la Négritude et la Créolité.

II. L'AFRIQUE DANS LES PARADIGMES LITTÉRAIRES

La théorisation poétique de l'histoire selon Glissant sous l'angle de celle vécue, cachée et/ou perdue et celle transversale sert de présage au récit historique lui permettant de réévaluer les interconnexions entre l'Afrique et les Antilles par le truchement de son paradigme littéraire, en l'occurrence, l'Antillanité. Pour mieux la comprendre, il est impératif d'étudier comment elle est en dialogue avec la Négritude et la Créolité. Le premier paradigme, la Négritude, a vu le jour au cours des années 1930 à Paris suite à la rencontre productive entre les dirigeants de la Diaspora noire, de l'Afrique aux Amériques. Elle est conçue et perçue comme un mouvement anticolonial et anti-assimilationniste visant à réhabiliter les Noirs et leurs valeurs fondamentales, une sorte de « négation de la négation de l'homme noir » pour reprendre les mots de Jean-Paul Sartre. Dans leur articulation de l'identité antillaise, Césaire et Damas rétablissent ou recollent le cordon ombilical qui lie les Antilles-fille à l'Afrique-mère. Le deuxième paradigme, l'Antillanité de Glissant apparaît dans les années 1960. Elle est quelque peu en désaccord avec l'approche de la Négritude qui est inadéquate et hors de portée dans sa représentation de l'identité antillaise. L'Antillanité embrasse les cultures multiraciales des peuples antillais et déclare ces dernières à la fois différentes et parties intégrantes de celles d'Asie, d'Afrique et d'Europe. Contrairement aux pionniers de la Négritude, les Créolistes, dans leur *Éloge de la Créolité*, donnent moins de préséance et de présence à l'Afrique et à ses traces dans leur définition d'une identité culturelle antillaise. Bernabé, Chamoiseau et Confiant mettent en avant une identité créole unique comme dénomination commune qui englobe et reflète les complexités et les réalités plurielles de l'archipel, ancrant ainsi leur appartenance à tous les lieux d'Asie, d'Afrique et d'Europe.

Cependant, il est nécessaire de noter que ces trois paradigmes ne sont pas du tout exhaustifs ou exclusifs de tous les ateliers de la pensée antillaise parce que des figures iconographiques comme Maryse Condé ne se voient pas dans ces « catégorisations contraignantes ». Dans « Négritude césairienne, négritude senghorienne » par exemple, Condé critique la dialectique préconisée par les chantres dudit mouvement dans la perception de la « black persona » en référence et en opposition aux Blancs. Sur une veine assez similaire, elle se démarque de la problématisation théorique de la langue comme marqueur déterminant ou distinctif de la pensée antillaise promue par Glissant et les Créolistes. Dans son entretien avec Marie-Agnès Sourieau intitulé « De l'Identité culturelle » (1999), Condé affirme :

> Je pense que je suis un être complexe de par ma situation de colonisée, de par une série d'influences qui font ce que je suis, et il faut me laisser libre d'exprimer les facettes. Qu'on ne vienne pas me dire que le créole est ma langue maternelle. Qu'on ne vienne pas me dire que le français est une langue de colonisation (p. 1094).

Avant d'entrer de plain-pied dans le débat sur la représentation de l'Afrique dans les paradigmes précités, il est méthodiquement et méthodologiquement important de marquer une pause et de se demander comment la tradition afro-antillaise est examinée dans certaines disciplines dans les lettres et dans les sciences humaines. Dans *Refashioning Futures* (1993) [Refaçonner les avenirs], l'anthropologue David Scott résume distinctivement les deux directions principales dans la représentation de l'Afrique et de l'esclavage aux Amériques : les approches vérificative/essentialiste et anti-essentialiste. Quand la première reconnaît que les traces sont indélébiles, la dernière affirme que la « presence of Africa in the Caribbean is too attenuated to be discernible » (p. 109) [présence de l'Afrique aux Antilles est trop atténuée pour être discernable]. Même si la délimitation argumentative de Scott est principalement axée sur les Antilles anglophones, elle est parfaitement applicable à celles francophones en général et aux différents paradigmes littéraires en particulier.

De plus, Gilroy, dans son examen de la tradition afro-antillaise, détaille les spécificités de chaque approche en termes plus clairs dans son article « It Ain't Where You are from, it's Where You are at… The Dialectics of Diasporic Identification » [Ce n'est pas d'où tu viens, c'est d'où es… La Dialectique de l'identification diasporique] : « The essentialist view comes in gender specific forms but has often been characterized by a brute pan-Africanism that, in Britain at least, is politically inert » (p. 5) [L'approche essentialiste vient en genres spécifiques de formes mais a été souvent caractérisée par un panafricanisme brut, qui, en Grande-Bretagne au moins, est politiquement inerte]. Quant à l'approche anti-essentialiste, elle reconnaît un sens du pluralisme où il existe la diversité et la diversion entre tous les membres de cette bulle diasporique : « This perspective currently confronts a pluralistic position, which affirms blackness as an open signifier and seeks to celebrate complex representation of black » (p. 5) [Cette perspective confronte présentement une position plurielle qui affirme que la couleur noire est un signifiant ouvert et cherche à célébrer une représentation complexe].

À la lumière de ces considérations de Scott et de Gilroy et aussi des présentations introductives de ces trois principaux paradigmes, il apparaît plausible d'assimiler l'approche de la Négritude à une approche essentialiste et celle de la Créolité à une qui est plutôt anti-essentialiste. Celle de Glissant dans son Antillanité est à cheval entre la Négritude et la Créolité car il adopte et adapte une perspective « entre-deux » qui crée un pont entre les deux approches, bien représentée au sein du « point d'intrication », un moment « d'impermanence, d'instabilité et d'hybridité » où toutes les cultures antillaises naissent. Glissant projette le point d'intrication comme l'étape déterminante dans la vie historique du migrant-nu dans la Néo-Amérique.

Glissant utilise ce moment décisif du point d'intrication en tant que motif de démarcation des récits des origines promus par les chantres de la Négritude qui transportent de façon réaliste et imaginative les Antilles en Afrique, comme le note de manière implicite Césaire dans son œuvre où l'ultime retour au pays natal se passe au continent original et originel. Dans son poème *Ferrements* (1960), Césaire chante haut et fort :

> Je vois l'Afrique multiple et une
> Verticale dans la tumultueuse péripétie
> Et je redis : Hoo mère !
> Et je lève ma force

Inclinant ma face
Oh ma terre !

Un autre exemple d'un genre littéraire différent qui fait la promotion d'un retour et d'un recours aux sources, quelques années après la naissance de la Négritude, est le roman de référence de Joseph Zobel, *La Rue Cases-Nègres* (1950). Dans ce *bildungsroman* classique qui relate la vie des Noirs dans les plantations de la Martinique des années 1930 sous la domination des Békés,[14] le romancier tisse une histoire remarquable à travers la complicité entre le narrateur homodiégétique, José Hassam et l'un des protagonistes principaux, Monsieur Médouze. Jouant le rôle de conteur, ce dernier ravive José en le reconnectant avec son Afrique distante durant leurs *titims* nocturnes. Malgré son jeune âge, José devient petit à petit immergé dans la mythologie africaine, tel qu'il le démontre juste après la mort de son « Christ noir » lorsqu'il se convainc fermement de la présence des morts parmi les vivants. Quand tout le monde reste convaincu de la mort certaine de Médouze et de l'immobilité de son cadavre aux Antilles, il le transporte imaginativement à sa vraie terre des origines, la Guinée en Afrique occidentale. Il conclut que le cadavre de Médouze « s'élever[a] aussi dans la nuit et partir[a] pour la Guinée » (p. 102).

Ce récit des origines qui envisage de déplacer réellement et imaginativement les Antilles en Afrique a été scruté par les écrivains et théoriciens post-Négritude, notamment Glissant et le Créoliste Confiant qui consacre d'ailleurs un livre entier sur la philosophie de la Négritude et sur celle d'un de ses chantres en particulier, Aimé Césaire, *Aimé Césaire ou la traversée paradoxale du siècle* (1993). Après avoir rendu un vibrant hommage à Césaire pour son rôle central dans la formation et la reconnaissance de la fiction antillaise et dans son combat pour l'émergence d'une conscience anticolonialiste, Glissant et les Créolistes battent en brèche le récit ou le discours des origines de la Négritude et sa logique d'extériorité, reléguant la question antillaise au second plan. Dans *Éloge de la Créolité*, les

---

[14] Blancs nés aux Antilles, descendants des Colons

Créolistes reprochent à leurs aînés le fait d'avoir transporté trop loin les questions directement liées aux réalités internes de l'archipel et à ses demeurants. L'Afrique est pour eux une mère impossible, chimérique et mythique. Glissant, de sa part, affirme dans *Le Discours antillais*, que la philosophie de la Négritude césairienne est hors de portée dans le contexte antillais tout en se moquant légèrement de son livre de référence, *Cahier de retour au pays natal* qu'il trouve beaucoup plus populaire au Sénégal qu'en Martinique. Il assimile le retour au pays natal à une des sortes de « variantes camouflées ou sublimées du Retour à l'Afrique » (p. 35).

La critique de Confiant de la philosophie de la Négritude dans son livre précité ne s'arrête pas juste à la logique d'extériorité. Il va plus loin en dénonçant la tension que Césaire crée entre le Nègre africain et le Nègre antillais, le premier étant le bourreau et le dernier la « VICTIME ABSOLUE » (p. 134), ce qui établit donc une sorte de « complexité d'africanité ». Cette réfutation du récit des origines de Césaire met à nu sa position personnelle sur l'esclavage. Dans le même chapitre, « Le Ressourcement de l'Afrique-mère », Confiant fustige la complicité du Nègre original dans le processus de l'asservissement et de la victimisation du nouveau Nègre qu'il défend en ces termes suivants : « Il est, martelons-le, la victime absolue. Il n'est nullement un quelconque enfant prodigue, parti de son propre gré à la découverte du vaste monde. Il est à la fois le razzié (par L'Européen) et le mal défendu/vendu (par l'Africain) » (p. 135).

Quant au récit des origines de Glissant, ce dernier le place entre ces deux positions de reconnaissance et de reniement de l'africanité de l'Antillais sans participer au débat sur la complicité du Nègre africain soulignée par Confiant. Autrement dit, il accommode et couvre les deux discours à l'intérieur du sol antillais non sans restituer la genèse du migrant-nu au sein même de l'archipel et de ses alentours proches : « [L]a véritable Genèse des peuples des Caraïbes, c'est le ventre du bateau négrier et c'est l'antre de la plantation » (*Introduction à une poétique du Divers,* p. 35).

Contrairement à ses prédécesseurs dont la préoccupation sur ces deux espaces à savoir le bateau négrier et la plantation est une façon de dénoncer les expériences inhumaines vécues par les Noirs lors de la traversée de l'Atlantique et de son arrivée miraculeuse, Glissant les utilise pour ressusciter le peuple antillais et ré-ancrer leurs histoires dans l'archipel, comme l'élucident les signifiants ventre et antre. Cet ancrage des origines dans ce nouvel environnement permet à l'auteur de rendre le récit plus vrai et d'être en phase avec la situation actuelle des Antilles. Paul Gilroy l'exprime de manière révélatrice dans son article cité tantôt dans lequel il lance un appel solennel à toute la Diaspora africaine de vivre et de faire leur vie chez elle, là où elle se trouve, que ce soit en Occident ou dans le Reste du monde.

La position de Glissant sur ces expériences traumatiques passées est différente de celle de ses prédécesseurs. Contrairement à Césaire dont le *Discours sur le colonialisme* est une totale mise en cause inflexible d'un passé imposé de « chosification » de l'Antillais, Glissant admet dans une certaine mesure assez subtile et nuancée que l'esclavage et le colonialisme ont ouvert à l'impromptu quelques possibilités. Dans l'un de ses premiers articles, « Le Romancier noir et son peuple », il dénonce le portrait assez biaisé du passé antillais par ses prédécesseurs : « Il semble qu'un roman qui se donne pour révéler une réalité doit aborder cette réalité de tous les côtés à la fois, en ce qu'elle a de positif et de négatif » (p. 29). Il renchérit dans le chapitre sur les conséquences de la dépossession du migrant-nu après la traversée de l'Atlantique dans *Le Discours antillais* en mentionnant que la traite négrière n'a pas « favorisé » :

> [...] seulement agonie et perdition mais l'occasion aussi d'affirmer un ensemble estimable de propriétés. Celle par exemple de fréquenter « les valeurs » non pas comme absolu de référence mais comme modes agissants d'une Relation. (Le renoncement aux pures valeurs d'origine ouvre sur un sens inédit de la mise en rapports) (pp. 29-30).

Glissant considère que le passé imposé sur les Antillais est une sorte de « mal formateur » parce qu'il a ouvert de nouveaux horizons avec l'émergence de cultures hybrides non pas seulement aux Antilles mais aussi à travers le monde, participant ainsi à la naissance des Antilles comme un lieu de la culture exceptionnel qui sera l'objet de l'étude du deuxième chapitre, « l'exceptionnalité archipélique ».

Cependant cette affirmation sur les effets « positifs » de l'esclavage en tant que « mal formateur » n'est point synonyme de célébration, vu le traitement du passé traumatique imposé sur les victimes. Comme il a été mentionné dans la première partie du chapitre, Glissant condamne aussi bien l'esclavage que le colonialisme dans ses écrits et dans sa carrière personnelle d'activiste politique engagé dès 1959 en tant que membre fondateur du « Front antillo-guyanais pour l'Autonomie »[15] qui s'est battu pour la décolonisation de tous les Départements d'Outre-Mer français. Son roman, *Le Quatrième siècle*, illustre bien ce fait. Dans ce dernier, il revisite quatre siècles de l'histoire de l'esclavage dans sa Martinique natale, racontant en détail les luttes farouches des Nègres marrons dans la réclamation de leurs terres des mains des planteurs. Dans *Mémoires des esclavages*, il loue le travail des abolitionnistes tels Abraham Lincoln et Victor Schœlcher et les martyrs, les sites et les ports de déportation.

Glissant présente le bateau négrier comme un signifiant ambivalent qui symbolise les deux parties de la même représentation, un lieu de souffrances et de difficultés mais aussi un ventre qui donne naissance à de nouveaux peuples. Il dénomme ce dernier « une barque ouverte » malgré son caractère emprisonnant, démontrant ainsi la nature complète de la traite négrière dans toutes ses facettes. Dans *Le Discours antillais*, il fustige le silence complice des historiens classiques sur certains aspects de l'esclavage :

L'opération de la Traite (sur laquelle la pensée occidentale, l'étudiant pourtant comme phénomène historique,

---

[15] Édouard Glissant et Paul Niger, artiste et activiste guadeloupéen, ont créé ce front séparatiste. Accusé de violation de la sécurité nationale, ils ont été bannis des Départements d'Outre-Mer des Antilles francophones de 1961-1965.

fera si constamment silence en tant que signe de la relation) oblige la population ainsi traitée à mettre en question toute ambition d'un universel généralisant (p. 28).

Pour mieux exposer l'atmosphère de la barque ouverte, il est important de mettre l'accent sur la prépondérance du repère historique de Glissant le plus central dans sa réimagination de l'histoire ou plutôt des histoires des Antilles, qui est le point d'intrication. Puisqu'il affirme que ce moment est fondamentalement caractéristique dans la définition de l'identité antillaise, il est crucial d'analyser les dis/similitudes entre l'approche de Glissant et celle des Créolistes dans la description et la définition des réalités de l'archipel antillais dans son ensemble.

Dans le prologue de leur *Éloge de la Créolité*, les Créolistes nient toute classification spécifique au sein des différents peuples des Antillais : « Ni Européens, ni Africains, ni Asiatiques, nous nous proclamons Créoles » (p. 13). Suivant cette proclamation identitaire, ils élaborent sur la notion d'une « attitude intérieure » en exposant subtilement les limites des théories sur l'identité préexistantes y comprise celle de Glissant. Ils projettent leur poétique en ces termes : « Elles (leurs paroles) ne s'adressent pas aux seuls écrivains, mais à tout concepteur de notre espace [...] dans quelque discipline que ce soit, en quête douloureuse d'une pensée plus fertile, d'une expression plus juste, d'une esthétique plus vraie » (p. 13).

Même si les Créolistes ne relatent pas de manière détaillée le processus historique de la créolisation de l'archipel antillais, ils s'accordent avec Glissant sur la structure plurielle du récit des origines car ils considèrent l'Histoire de l'archipel comme une « tresse d'histoires ». Autrement dit, Glissant et ses successeurs célèbrent la diversité de la société antillaise née des histoires communautaires partagées. Cependant, Glissant s'abstient d'embrasser le projet des Créolistes qui consiste à réduire et à fondre ces histoires diverses et partagées des communautés en une seule et commune dénomination créole, renvoyant ainsi à une nouvelle forme d'essentialisme.

L'approche des Créolistes ou plutôt leur promotion d'une identité créole unique peut non seulement reléguer l'héritage africain à une position périphérique mais aussi annihiler l'expérience des Noirs aux Antilles. Cette dernière est fusionnée en une expérience créole nationaliste qui commence *a priori* dans chaque nation antillaise avant de se répandre dans les autres régions, l'ultime phase du cycle : « [L]acquisition d'une éventuelle souveraineté mono-insulaire ne saurait être qu'une étape (que nous souhaiterions la plus brève possible) sur la route d'une fédération ou d'une confédération caraïbe » (p. 58). Cette fédération en question est conceptualisée à travers leur notion de « double solidarité », qui est constituée d'une solidarité géographique à l'intérieur de l'archipel antillais et d'une solidarité créole entre les Créoles dans le monde. Cette approche est quelque peu exclusive parce que la grande partie de l'Afrique est absente. Les seules parties de l'Afrique qui sont incluses dans leur diagramme conceptuel de la seconde composante, la solidarité créole, sont le Cap-Vert, l'Ile Maurice et les Seychelles.

Par contre, Glissant prend une voie différente, qui part du général au particulier, par le biais d'une poétique de la Relation beaucoup plus inclusive, adoptant une « attitude collective ». Dans *Le Discours antillais*, il déclare : « On n'est pas martiniquais à force de se vouloir antillais : on devient réellement antillais à force de se vouloir martiniquais » (p. 424). Le cadre relationnel de Glissant est d'autant plus large qu'il s'étend des Antilles, des Amériques au Reste du monde, le Tout-monde.

Pour comprendre davantage l'Antillanité de Glissant en contraste avec la Négritude dans la représentation de l'expérience des Noirs, il est important de revenir sur la notion du détour, qui est contraire au fameux paradigme promu par les adeptes de la Négritude : le retour. Dans son entretien avec Tanella Boni intitulé « Mondialité de Glissant », François Noudelmann définit ces deux notions paradigmatiques en ces termes :

> Le Retour est l'obsession de l'Un [universalisme]. Revenir, c'est consacrer la permanence de la non-Relation [.] le Détour n'est ruse profitable que si le Retour le féconde : non pas retour au rêve d'origine, l'Un immobile de l'Être, mais retour au point d'intrication, dont on s'était détourné par force.

La stratégie du détour, qui est focalisée sur le point d'intrication, une aire/ère d'interrogations et d'intégrations est une alternative qui facilite la décolonisation de l'esprit de l'Antillais. C'est la période principale où l'espace archipélique devient un « berceau des identités » spécial qui sera l'une des thématiques centrales du deuxième chapitre : « L'exceptionnalité archipélique », élucidant ainsi les conséquences voire les leçons retenues du passé accablant.

En outre, la notion paradigmatique du retour est expliquée davantage dans sa description opposante des différents mondes habités par les protagonistes du passé antillais, les esclaves et leurs maîtres. Quand le monde du premier est gouverné par le principe cardinal de la solidarité, celui du second est incarcéré dans sa solitude, invalidant ainsi tout autre être :

> L'enjeu de toute émancipation est en effet d'abord la liberté du mélange, du métissage, de la créolisation, que le raciste et l'esclavagiste repoussent avec acharnement. Vaincre l'esclavage, c'est aussi comprendre cette nature et cette fonction des créolisations, et que l'univers des esclavagistes est celui de la solitude enragée de soi (*Mémoires des esclavages,* pp. 42-43).

Ce monde de solitude apparaît en contraste définitif avec l'environnement social des esclaves, une forme de solidarité qui consiste à se voir en l'autre comme l'illustre la croyance populaire aux Antilles : « l'autre est toujours à l'écoute ».

Glissant définit sa notion du détour en corrélation avec le sens de la solidarité en termes pratiques. Dans *Les Entretiens de Bâton Rouge*, Glissant développe en profondeur la « pratique du détour » en faisant référence aux exemples des contributions iconographiques des activistes noirs dans le monde dé/colonisé : « Il est étonnant comment les intellectuels (je ne parle pas seulement des poètes) se sont impliqués et intéressés aux problèmes chez ailleurs » (p. 106). Parmi ces figures, il loue les influences du Jamaïcain Marcus Garvey sur la cause des Noirs-Américains, le Martiniquais Frantz Fanon sur la cause algérienne, le Trinidadien Georges Pandore sur la cause ghanéenne et l'autre Martiniquais, Aimé Césaire, sur le grand projet du retour à l'authenticité africaine par la Négritude.

La pratique du détour de Glissant est problématique car elle est difficilement conciliable avec ses premières critiques de la philosophie de la Négritude dans son manifeste, *Le Discours antillais*. Ces commentaires laudatifs de la contribution de Césaire au monde noir par exemple sont apparemment irréconciliables avec la marginalisation de la question antillaise par ce dernier. Mais ces positions irréconciliables relatives au legs de Césaire et d'autres prédécesseurs de Glissant y compris Fanon sont tout à fait discernables en termes poétiques.

Dans son œuvre, Glissant coud le fil poétique communal et commun de la notion de l'ailleurs partagé où le travail local des personnes a un impact sur le total ou le global. Similairement, en termes politiques, Glissant a participé à beaucoup de tables rondes et de débats sur la question du Tout-monde, par laquelle il tire parti des travaux de ses prédécesseurs comme Césaire et surtout Fanon. Autrement dit, il se sert de sa pratique du détour elle-même dans le traitement des questions relatives au monde noir. À cet égard, l'assimilation de l'Antillanité de Glissant à une « Négritude militante » faite par Lilyan Kesteloot dans *Anthologie négro-africaine* (1981) est plausible même si elle s'applique plus aux œuvres plus récentes dans lesquelles il y a un militantisme politique plus accentué et une plus grande collaboration avec des écrivains et des activistes de la Diaspora noire.

En 1998, Glissant a travaillé avec Chamoiseau et Soyinka sur la « Déclaration de la traite négrière et l'esclavage » qui peut être vu comme un prélude à la Loi Taubira votée en 2001. Dans leur déclaration, une accusation sévère de l'esclavage dans un texte de référence construit avec un refrain anaphorique plein de sens, « nous rappelons », Glissant, Chamoiseau et Soyinka demandent au monde occidental de reconnaître la traite négrière et l'esclavage comme crimes contre l'humanité : « Nommons la Traite négrière et l'esclavage perpétrées dans les Amériques et l'Océan Indien : CRIMES CONTRE L'HUMANITÉ ».

Une décennie après, la « Déclaration de la traite négrière et l'esclavage », Glissant a collaboré avec Saleh Trabelsi et Abdelhamid Largueche en 2009 au colloque de Tozeur en Tunisie. La Déclaration de Tozeur évoque la question de l'esclavage des Noirs reléguée au second plan dans le monde arabe et de celle de son abolition en 1846. Dans les deux cas, Glissant réhabilite pratiquement l'héritage de ses prédécesseurs sur des questions capitales dans les mondes des esclaves et de leurs maîtres. L'institut Tout-monde initié par Glissant lui-même en 2006 avec le support du conseil régional de l'Île de France et du Ministère des Outre-Mer a une direction assez similaire, organisant régulièrement des conférences, des colloques et des séminaires sur ces sujets d'actualité.

III. REPENSER L'ESCLAVAGE AUJOURD'HUI

Dans le cadre d'une étude plus complète de la grande question de l'expérience des Noirs dans les Antilles posée dans l'œuvre de Glissant après l'exploration de la notion poétique et politique de l'histoire et de la vision de l'Antillanité, il est impératif d'analyser l'esclavage comme « une histoire partagée » aussi bien en Occident que dans le Reste du monde à la lumière de la Loi Taubira en France sous l'administration de Jacques Chirac et sous celle de Nicolas Sarkozy. Cette question est d'autant plus pertinente et actuelle que Glissant écrit un livre spécial, *Mémoires des esclavages*, pour démontrer comment et pourquoi elle demeure une obligation morale de connaissance et de reconnaissance qui est censée être adressée ouvertement et de manière pratique.

Dans les différentes versions de *Mémoires des esclavages*, Glissant fait des reproches à la classe politique dirigeante dans son ensemble d'avoir marginalisé la question de l'esclavage qui est selon Christiane Taubira, la pionnière de la loi qui porte le même nom et ancienne Ministre de la justice et Garde des Sceaux, « une histoire, esclave de l'actualité » (*Égalité pour les exclus*, p. 14). Dans la version lycéenne des *Mémoires des esclavages*, Glissant attire l'attention sur cette « histoire négligée » en faisant une sélection riche de documents historiques sur l'esclavage allant des biographies de Victor Schœlcher, d'Abbé Grégoire aux différents articles sur le Code noir et à une étude spéciale sur l'histoire ou plutôt l'historique de la Loi Taubira.

Dans l'avant-propos au livre, *Mémoires des esclavages*, l'ancien Premier ministre, Dominique de Villepin reconnaît l'importance de la question posée par Glissant tout en rappelant la mission et la vision du projet en question :

> Poser les jalons de cette réflexion, préciser les contours du futur centre national consacré à la traite, l'esclavage et à ses abolitions, voilà la mission qu'a accepté Édouard Glissant. Qui mieux que lui pouvait assumer une tâche exigeant autant de lucidité et de générosité (pp. 9-10) ?

Comme l'analyse l'a démontré dans les parties initiales de ce chapitre, Glissant saisit l'événementiel pour parler des questions primordiales dans un style franc et immédiat, brouillant subtilement les pistes entre la poétique et la politique. Dans ce cas de figure relatif à la question de l'esclavage telle que posée par Dominique de Villepin, Glissant façonne un discours inclusif adressé à deux mondes traditionnellement séparés des victimes et des bourreaux de manière engagée et engageante. Autrement dit, il analyse les relations de coprésence et de coexistence entre les deux dans une sorte de « zone de contacts ». Dans son livre précité, il définit et interpelle clairement son audience :

> La question des esclavages tient toute à ces considérations, du moins la question de leur évocation et de la commémoration des libérations qui ont suivi. La suite de nos réflexions montre que l'unanimité de tous, Mauriciens, Seychellois et Réunionnais, Caribéens et Américains et Français et Européens, pas seulement souhaitable comme nous le disions au début de cet exposé, est indispensable (p. 175).

Tout au long du livre, Glissant prouve que l'unanimité est une approche déterminante et impérative dans la prise en compte et en conscience de l'histoire partagée des nations ayant participé à la traite des esclaves. Il exhorte les personnes catégorisées ou s'étant catégorisées en nationaux de souche et descendants d'esclaves à adopter une attitude différente et à se libérer de ces dénominations contraignantes.

L'approche de Glissant qui pousse tout le monde à cultiver un sens de dépassement de soi dans le réexamen de la question de la traite des esclaves n'est pas si évidente à adopter dans notre monde actuel où la volonté des décideurs politiques est assez douteuse et le niveau d'intérêt et d'éducation faible des membres de tous les deux groupes. Même si Glissant se voit et se veut r/éveilleur de conscience en synchronie avec la volonté du peuple, son discours est élitiste et hors de portée de la plupart des membres de la société entière. Cependant ce constat ne veut pas remettre en cause l'apport et le potentiel de son livre de référence, *Mémoires des esclavages*, dans la réévaluation de l'esclavage et du colonialisme. Il compte accroître la sensibilisation aux sujets du passé aux niveaux sociétal, national et international. Évidemment, l'ignorance sur ces questions gagne du terrain aussi bien en Occident que dans le Reste du monde. À titre d'exemple, Glissant se souvient de sa rencontre symbolique avec une vieille femme bordelaise qui se confesse juste après une de ses conférences en ces termes : « Cela me trouble d'avoir vécu dans l'ignorance de cette réalité. Je ne vois aucune trace de ce que vous dites autour de moi, et je n'imagine pas Bordeaux organisant un tel commerce » (p. 73).

Glissant défie directement le Ministère d'Éducation nationale en France et l'appelle à réviser son programme scolaire et universitaire dans les matières fondamentales de l'histoire et de la géographie. Il affirme que la plupart des problèmes auxquelles la France fait face dans sa définition de nation une et indivisible et plurielle et divisée provient de l'ignorance de son histoire complète. En fait, il attribue les tensions causées par l'immigration, le sujet principal du troisième chapitre, « La France hostile » à l'ignorance de l'histoire coloniale : « Le passé historique demeure vague en France pour ce qui se rapporte aux anciennes colonies » (p. 127).

Cette opinion est partagée par des écrivains venant de la francosphère comme le Djiboutien Abdourahman Waberi, l'un des cosignataires du manifeste *Pour une littérature-monde*. Dans son livre, *Aux États-Unis d'Afrique*, il fait la promotion d'une nouvelle poétique et politique de la circulation au sens interactif et proactif du terme pour surmonter les tensions entre la France et ses anciennes colonies et par extension l'Occident et le Reste du monde. Après avoir mis à nu les carences du système éducatif français basé sur le modèle civilisationnel ethnocentrique occidental, Waberi encourage le monde à une ouverture réelle aux autres cultures riches et diverses par le biais de son personnage principal, Maya, son porte-parole qui fait le constat hypothétique suivant : « Si les récits fleurissent, si les langues circulent à nouveau, si les gens apprennent à s'identifier aux personnages surgis d'outre-frontières, ce sera le premier pas vers la paix » (pp. 201-202).

Dans l'œuvre de Glissant et le roman de Waberi, les véritables cibles du manque de connaissance sur ce passé partagé sont les descendants des esclavagistes. Mais, cette perspective ne donne pas l'image complète de la situation. Cette critique peut être aussi faite aux descendants des esclaves. En Afrique francophone dont le système éducatif est quelque peu similaire à celui de la France, il y a une connaissance assez vague de l'esclavage et du colonialisme dans leur nature complexe. L'étude de l'esclavage est quelque peu bidirectionnelle car étant axée sur les rencontres et les échanges entre l'Europe et l'Afrique. Les Antilles, le troisième côté du triangle, ne sont pas assez présentes, ce qui fait que les relations diasporiques entre l'Afrique et les Amériques ne sont pas bien développées. Depuis les indépendances, il n'y a eu que trois éditions du Festival des arts nègres en Afrique sous l'égide initiale du Président Léopold Senghor ayant favorisé la rencontre entre les artistes du monde noir en général qui réévaluent les relations entre l'Afrique et sa Diaspora. Le Festival a eu lieu en 1966 à Dakar, en 1977 au Nigeria et finalement en 2010 à Dakar encore sous le thème de la Renaissance africaine.

Sur le plan politique, il y a eu des interactions dynamiques entre l'Afrique et sa Diaspora dans quelques pays d'Afrique comme le Liberia, le Ghana et la Sierra-Léone.[16] Un peu plus d'une décennie en 2010, il y a eu par exemple des efforts salutaires de l'ancien président du Sénégal, Abdoulaye Wade avec son Projet Haïti. Après le désastreux tremblement de terre en Haïti en 2010, le gouvernement du Sénégal initie ledit projet piloté par Mamadou Lamine Ba, ancien Ministre des Affaires humanitaires et internationales, en offrant cent soixante bourses à des étudiants haïtiens, leur permettant de poursuivre leurs études supérieures dans les universités nationales sénégalaises, l'Université Cheikh Anta Diop de Dakar et l'Université Gaston Berger de Saint-Louis. Dans un entretien avec la Radio Internationale Française daté le 11 octobre 2010, Ba justifie cette action humanitaire comme une obligation morale du continent de répondre à l'appel solennel de la Diaspora avec qui l'Afrique partage une histoire particulière :

> Le peuple haïtien qui a été frappé par ce séisme est un peuple originaire d'Afrique. Les Haïtiens d'aujourd'hui sont partis d'Afrique, de Guinée, disait-on à l'époque. Par humanisme, nous devons aller à leur secours à l'exemple de tous les peuples du monde, mais également parce que ce sont nos frères de sang et de lait. C'est pourquoi nous devons les accueillir chez nous.

Ainsi, dans les délimitations des principales orientations du Centre national pour la mémoire des esclavages et de leurs abolitions, Glissant reconnaît la nécessité de revigorer les relations historiques entre l'Afrique, les Amériques, l'Europe et toutes les parties impliquées dans cette histoire partagée. Cette entreprise requiert une volonté et un engagement sans faille de collaboration et une mise en place des principes de gouvernance ou plutôt d'administration basés sur la vérité et l'ouverture : « Nous savons que les non-dits et les interdits nous barrent tout accès à la sérénité souhaitable de cette totalité-monde, et entretiennent l'énormité des conflits qui l'agitent » (*Mémoires des esclavages,*

---

[16] Voir le livre de Kevin Gaines intitulé *American Africans in Ghana : Black Expatriates and the Civil Rights Era* (2007) [Américains Africains au Ghana : Les Expatriés noirs et l'ère des Droits civils].

p.138). Ces principes permettent aux parties concernées, notamment les victimes et les bourreaux de comprendre davantage le passé, l'histoire partagée en question dans son entièreté et de développer un sens élevé de la transcendance pour bâtir ensemble ce que Glissant appelle « Routes des solidarités », menant le moi à l'autre malgré son lieu de la culture.

En défaveur aux réparations comme solution alternative aux fautes du passé, Glissant fait l'éloge des efforts consentis en France sous la direction de Christiane Taubira dans le cadre de la reconnaissance du 10 mai comme date commémorative de la mémoire des esclavages, une proposition qu'il qualifie d'« une des premières réponses sans équivoque à tant d'interrogations, et qui ouvre sur tout le possible » (p. 140). Glissant conçoit le Centre national en quatre orientations majeures : études, activités, archives, mémorial. Cette approche se démarque de celle de plusieurs centres à travers le monde qu'il trouve moins engagés dans leurs recherches et leurs études basées sur un modèle traditionnel de comparaisons des formes d'esclavage précédant et suivant la traite négrière. Ce modèle d'approche traditionnelle est bien retracé par Lothar Baier lors de la table ronde « De l'esclavage au Tout-monde » où il loue les travaux de Glissant : « Avant que je n'entre en contact avec les livres d'Édouard Glissant, j'avais comme beaucoup de gens une idée relativement banale et normalisée de l'esclavage » (p. 64). Glissant adopte une approche transversale qui élucide de manière significative les aspects divers de l'esclavage dans leur dimension complète et critique. Il avertit le monde à ne pas perpétuer les chantiers battus sur ce sujet capital et l'exhorte à poursuivre des recherches nouvelles telles « Le rôle des femmes dans le marronnage à l'île de la Réunion » entreprises par de jeunes chercheurs.

Dans la conclusion de ce chapitre, il est crucial d'évaluer de manière pratique le statut présent du projet de fondation du dudit Centre, des décennies après l'implémentation de la Loi Taubira. Toutes les questions posées et analysées demeurent plus qu'actuelles car l'esclavage est au cœur des débats dans la remise en place ou en question des relations entre l'Europe et l'Afrique et la France et l'Afrique francophone surtout lors de la présidence de Nicolas Sarkozy. L'un des moments les plus mémorables de cette dernière est la grande allocution polémique plus connue sous le nom du « Discours de Sarkozy à Dakar » le 26 juillet 2007. Dans son allocution d'une cinquantaine de minutes à l'Université Cheikh Anta Diop, Sarkozy, en « costume de nouveau colon », donne un cours magistral sur « le drame de l'Afrique » non dépourvu de reproches :

> L'homme africain n'est pas assez rentré dans l'Histoire [...] Le problème de l'Afrique c'est qu'elle vit trop le présent dans la nostalgie du paradis perdu de l'enfance [...] Dans cet imaginaire où tout recommence toujours, il n'y a de place ni pour l'aventure humaine ni pour l'idée de progrès (*L'Afrique de Sarkozy,* pp 195-196).

« Déni d'histoire » insultant, l'allocution de Sarkozy a été l'objet d'une panoplie de critiques venant de tous les coins du continent et du monde. L'une des réponses les plus farouches vient d'Aminata Traoré, l'écrivaine et activiste politique malienne qui dénonce le caractère raciste et néocolonialiste de l'allocution dans son essai, *L'Afrique humiliée* (2009). L'historien et philosophe camerounais, Achille M'bembe, publie un article intitulé « L'Afrique de Nicolas Sarkozy » dans *Le Messager* le 20 août 2007. Il critique l'agenda politique de la droite française dans sa tentative de réviser et d'instrumentaliser l'histoire générale de la France dépeignant le colonialisme comme une « entreprise bénévole et humanitaire ». Il critique l'attitude condescendante de Sarkozy en ces termes : « [I]l s'autorise de parler de l'Afrique et des Africains à la manière du maître qui a pris la mauvaise habitude de maltraiter son esclave et d'avilir sa chose, et qui ne parvient pas à se dépeindre d'attitudes héritées d'un sinistre passé dont nous ne voulons plus ».

Cependant, malgré l'état durable et percutant de la question et la non-application assez effective de la Loi Taubira, les actions menées par les activistes noirs dans la Diaspora et par Glissant sont loin d'être vaines. Le travail de Glissant se comprend prospectivement dans le temps et dans l'espace. Dominique de Villepin reconnaît bien cet élan et la contribution de haute facture du travail visionnaire de Glissant : « Le travail réalisé par Édouard Glissant est tourné vers l'avenir, vers cette générosité et vers cet humanisme qui sont l'héritage du drame de l'esclavage » (*Mémoires des esclavages*, p. 13).

Dans sa réponse lors de la table ronde organisée par Chevrier mentionnée tantôt, Glissant rejette les déclarations traditionnelles qui suggèrent que l'esclavage est trop ancien et barbaresque pour être adressé de nos jours. Il affirme que la reconnaissance effective et affective de cet esclavage passé comme crime contre l'humanité peut être un bouclier contre des catastrophes futures de cette envergure : « [J]e pense réellement que nous devrions exiger que l'esclavage soit considéré comme un crime contre l'humanité et que nous devrions poser cette question devant les instances de l'ONU et non pas devant les instances d'un tel ou tel pays » (p. 57). Le « nous » est d'autant plus inclusif que l'esclavage doit être internalisé en tant que problème unanime. L'approche de Glissant fait appel à une sorte de forme symbolique de réparations qui consiste à la fondation des monuments, des sites et des centres par des institutions mondiales et à une apologie internationale pour les crimes commis contre l'Afrique et ses descendants.

Le rêve de Glissant de fonder le Centre national pour la mémoire des esclavages et de leurs abolitions ne s'est pas encore réalisé. Mais, son Institut Tout-monde à Paris sert en quelque sorte de « substitut » malgré le manque d'infrastructures. Il y a des activités et des séminaires hebdomadaires, mensuels et annuels qui portent sur des thèmes transversaux développés par Glissant dans *Mémoires des esclavages*. Sa production littéraire est de plus en plus étudiée et plus fouillée dans les universités francophones, anglophones, lusophones à travers le monde. En France, sa brochure pédagogique composée des *Mémoires des esclavages et de leurs abolitions* et le *Guide d'utilisation : Du bon usage des textes relatifs à la question de l'esclavage et de ses abolitions* devient de plus en plus répandue dans les collèges et les lycées de la région d'île de France et dans d'autres contrées.

En comblant l'écart entre non seulement le passé et le présent mais aussi le futur par l'évaluation de l'expérience des Noirs dans les Antilles, Glissant ouvre la voie aux générations futures et les engage à explorer et à faire face aux questions centrales du monde dans sa totalité. En somme, sa poétique politique facilite et projette le développement d'une attitude critique profonde qu'il voudrait que les Noirs et toutes les autres races adoptent et adaptent dans leurs quêtes identitaires constantes. Sa vision poétique du temps et de l'espace qui invite tout le monde vers des « totalités imaginaires », des centres décentralisés exempts de toute approche coloniale et postcoloniale a le potentiel d'ouvrir de nouveaux horizons inspirés de l'exceptionnalité archipélique qui est au début et à la fin de tout.

Chapitre II :

L'exceptionnalité archipélique

L'important n'est pas ce que l'on a fait de toi, mais de ce que tu as fait de ce que l'on a fait de toi.

Frantz Fanon

L'insularité n'a d'isolement que dans les chimères.

Marc-William Debono

La redéfinition de l'expérience des Noirs dans la fiction antillaise francophone en général et dans la poétique de Glissant en particulier, telle que développée dans le premier chapitre, nécessite une analyse approfondie des conséquences symboliques significatives des deux paradigmes principaux de l'esclavage et du colonialisme sur les peuples et sur l'espace de l'archipel antillais. Cette problématique a toujours été une thématique récurrente dans les récits autobiographiques, les romans, les essais et les manifestes dans tous les mouvements littéraires de la fiction antillaise, de *Batouala* de René Maran (1921), *La Rue Cases-Nègres* de Joseph Zobel (1950) aux productions les plus contemporaines comme *Manifeste pour les produits de haute nécessité* et *Traité pour le Grand Dérangement*.

Dans ces œuvres, l'archipel antillais est habituellement dépeint comme un espace fondamentalement modelé par ces deux paradigmes historiques de l'esclavage et du colonialisme. Même si les auteurs antillais reconnaissent à l'unisson les impacts destructifs de ces événements, ils soulignent que ces derniers ont mené à l'émergence d'un archipel culturellement riche.

Lors de la table ronde, « De l'esclavage au Tout-monde » évoquée dans le premier chapitre, Chamoiseau évalue le phénomène ambivalent de l'esclavage dans l'archipel antillais : « Lorsque je considère la période esclavagiste, je vois de multiples agonies, beaucoup de souffrances, mais aussi beaucoup de renaissance, beaucoup de germination et de bourgeonnement » (p. 61). Cette évaluation de la nature ambivalente de l'esclavage et de son impact quelque peu positif recoupe celle de Glissant lors de son entretien avec Manthia Diawara dans le documentaire intitulé *Édouard Glissant : Un Monde en Relation* dans lequel Glissant affirme que l'esclavage a transformé l'archipel antillais en « berceau des identités ». Ce constat a été en fait annoncé plus tôt dans *Le Discours antillais* :

> Mais le lieu en ce qui nous concerne n'est pas seulement la terre où notre peuple fut déporté, c'est aussi l'histoire qu'il a partagée (la vivant comme une non-histoire) avec d'autres communautés, dont la convergence apparaît aujourd'hui. Notre lieu, c'est les Antilles. [...] La mer des Antillais n'est pas le lac des États-Unis. C'est l'estuaire des Amériques. Dans un tel contexte, l'insularité prend un autre sens. On prononce ordinairement l'insularité comme un mode de l'isolement, comme une névrose d'espace. Dans la Caraïbe pourtant, chaque île est une ouverture (p. 249).

Glissant déconstruit la notion classique de l'archipel d'un espace insulaire et d'isolement à celui d'immersion, de communion, de diversité et de solidarité comme l'annonce la seconde épigraphe du chapitre extraite de l'article de Marc-William Debono, « Arts et sciences : Les Fruits de l'archipel » (1998).

Chamoiseau renchérit sur cette redéfinition subversive de l'archipel de Glissant de manière beaucoup plus descriptive dans son article « Chanter l'île » (1993) dans son exposition dualiste des attitudes envers l'archipel. Relatant les activités coutumières des habitants de l'archipel, il démontre leurs approches distinctives vis-à-vis de leur milieu qu'il qualifie de « terres d'avant le continent » :

Les Caribes naviguaient sans cesse d'île en île, de rivage en rivage, au gré de leurs fêtes, de leurs alliances. [...] Le colon européen, lui, s'isole lui-même dans l'île : il est en rivalité avec d'autres puissances colonialistes. Il dresse des remparts, dessine des frontières des couleurs locales (p. 38).

La peinture de Chamoiseau des us et coutumes de ces deux groupes principaux à l'intérieur des Antilles ne décrit pas seulement les réalités archipéliques pendant les premiers moments d'établissement mais aussi les motifs littéraires utilisés par les auteurs et théoriciens antillais pour représenter leurs royaumes d'enfance et rendre hommage à leur ancêtre, le migrant-nu caractérisé par Glissant dans *Le Discours antillais* comme : « L'Africain traité... [qui] ne pouvait emporter ses outils, les images de ses dieux, ses instruments usuels, ni donner de ses nouvelles à des voisins, ni espérer faire venir les siens, ni reconstituer au lieu de la déportation son ancienne famille » (p. 66). Glissant et Chamoiseau reconnaissent la valeur de l'entreprise œuvrée par le migrant-nu dans l'adaptation à son nouveau milieu, les îles, qu'il transforme en « espaces mixtes et intermédiaires, riches et ouverts [qui] abolissent toute idée de solitude du circonscrit » (May Chehad, p. 45).

Ce chapitre analyse comment Glissant fait de l'archipel le fondement de sa poétique et politique de la Relation. L'étude porte sur l'exceptionnel espace de l'archipel comme l'ancêtre et le miroir de notre monde moderne créolisé. L'accent est mis d'abord sur la définition de la poétique et politique spatiale dans la représentation de l'archipel comme un monde « entre-deux » dans lequel le migrant-nu a réussi à cultiver un sens de la familiarité et de la complicité avec l'environnement. Puis, l'analyse porte sur le vibrant hommage que Glissant rend à ce dernier pour son travail exceptionnel de reconstitution et de reconstruction mis en exergue par l'instrument théorique de la trace, l'un des outils fondamentaux de Glissant. Le point d'intrication est focal dans l'exposition des tactiques de survie entreprises par le migrant-nu pour se libérer de « l'esclavage mental ». En d'autres termes, l'analyse démontre comment le migrant-nu rassemble ses traces en les développant en armes politiques fatales contre le joug colonial. En fin, l'étude se focalise sur la vision politique de l'auteur à la lumière de la grève générale aux Antilles francophones définie dans ses contributions au *Manifeste pour les produits de haute nécessité* et au *Traité pour le Grand Dérangement* qui corroborent et contrastent avec ses premières positions campées dans *Le Discours antillais* et dans *Poétique de la Relation*. Les leçons importantes tirées du legs du migrant-nu dans l'élaboration des alternatives à la situation qui prévaut dans l'archipel antillais sont d'une importance capitale.

I. L'ESPRIT DU LIEU

Tout d'abord, il est crucial de reconnaître le rôle prépondérant de l'espace en général et de l'archipel en particulier dans la poétique de Glissant. Dans *Le Discours antillais*, Glissant rappelle à ses compatriotes : « J'ai déjà dit que ce paysage (l'archipel caribéen) est plus démesuré dans nos littératures que la conformité physique de nos pays laisserait à croire » (p. 264). En fait, la centralité de cette thématique est discernable par sa valeur symbolique dans la littérature antillaise francophone car elle est l'un des critères significatifs de distinction entre les trois grands mouvements littéraires, à savoir la Négritude, l'Antillanité et la Créolité. La position de chaque mouvement est déterminée selon sa conceptualisation et son emplacement dans l'espace antillais avant, au cours et après la traversée de l'Atlantique. Symboliquement, le premier mouvement, la Négritude, est imaginativement situé avant la traversée de l'Atlantique, en Afrique, le paradis perdu, qui devient le paradis retrouvé dans les expressions littéraires de l'Antillanité et de la Créolité.

Dans « L'espace dans la littérature antillaise » (1999), Ernest Pépin élucide la centralité de l'espace dans l'œuvre de Glissant en ces termes : « L'espace devient le centre d'une poétique et la poétique d'un décentrement des histoires » (p. 3). Cette affirmation sur l'espace en tant que dénominateur commun remarquable de la poétique politique de Glissant est d'autant plus fondée qu'elle est l'une de ses principales composantes aux côtés du temps et de la langue. Dans sa réponse à la question de Philippe Artières relative aux différents éléments de sa poétique dans *Pour une littérature-monde*, Glissant précise :

> La première dimension est celle du paysage. Elle est, bien sûr, capitale parce que, dans cette relation des cultures du monde, et en particulier, dans la relation entre colonisés et colonisateurs, l'espace est un des éléments fondamentaux. [...] Par conséquent, libérer la relation au paysage par l'acte politique, par le dire poétique, est faire œuvre de libération (pp. 78-79).

Glissant crée une connexion interrelationnelle entre l'espace et la culture, car il est l'élément compréhensif de la marque fondamentale des peuples. Autrement dit, la poétique spatiale de Glissant devient un « porteur de cultures » au sens Cabralien du terme :

> Culture is simultaneously the fruit of a people's history and a determinant of history, by the positive or negative influence, which it exerts on the evolution of relationships between man and his environment, among men or groups of men within a society, as well as among different societies (Amilcar Cabral, p. 15).

> La culture est simultanément le fruit de l'histoire d'un peuple et sa marque, par l'influence positive ou négative qu'il exerce sur l'évolution des relations entre l'homme et son environnement, parmi les hommes ou les groupes des hommes au sein d'une société, ainsi que parmi les différentes sociétés.

Dans l'élaboration de sa poétique spatiale culturelle, Glissant revisite le site physique de l'archipel antillais dans sa relation, localement au sein des Amériques et internationalement dans le monde en général. Dans ses premiers écrits tels *Le Discours antillais* et *Introduction à une poétique du Divers*, Glissant réexamine la délimitation tripartite de l'espace général des Amériques. Il fonde sa poétique spatiale à partir de la partie de l'espace spécial des Amériques, la Néo-Amérique par opposition à l'Euro-Amérique et à la Méso-Amérique. La nature exceptionnelle de l'espace de la Néo-Amérique réside dans son occupation par le migrant-nu entrepreneur. Ayant développé progressivement une familiarité proche avec la terre antillaise, le migrant-nu parvient à s'adapter à l'environnement inhospitalier de la plantation qu'il transforme en une aire interrelationnelle de dialogues et de communions. Cet espace ouvert créé par le migrant-nu est régi par une nouvelle politique de changements et d'échanges entre les communautés opprimées pour survivre et résister à la domination des Békés.

Cependant, le travail d'orfèvre du migrant-nu qui est l'objet de la discussion de la deuxième partie de ce chapitre sur la notion de la trace est facilité par la situation géographique de l'archipel dans son entièreté dont la plus signifiante est l'eau ou plutôt la mer. Dans leur *Dictionnaire des symboles* (1997), Jean Chevalier et Alain Gneerbrant définissent la nature poétiquement double de la mer en particulier :

> Symbole de la dynamique de la vie. Tout sort de la mer et tout y retourne : lieu des naissances, des transformations et des renaissances. Eaux en mouvement, la mer symbolise un état transitoire entre les possibles encore informels et les réalités formelles, une situation d'ambivalence, qui est celle de l'incertitude, du doute, de l'indécision et qui peut se conclure bien ou mal. De là vient que la mer est à la fois l'image de la vie et celle de la mort (p. 623).

Cette représentation symbolique de la mer est assez caractéristique de l'œuvre de Glissant dans laquelle la mer et l'eau jouent un rôle important de *La Lézarde* aux dernières publications dont la plus illustrative est *La Terre, l'eau, le feu et les vents : Une Anthologie de la poétique du Tout-monde* (2010).

En plus de la barque ouverte, la mer caribéenne apparaît dans la plus grande partie de son œuvre comme un espace de naissance et de renaissance du migrant-nu au cours de son passage de l'Afrique aux Antilles. Ce dernier étend de manière transformative l'archipel d'un simple « lieu d'origine » en un « lieu commun », ce qui fait que la mer caribéenne est beaucoup plus spéciale que la mer méditerranéenne, par exemple.

Dans *Introduction à une poétique du Divers*, Glissant différencie les deux mers, la première étant une mer ouverte de transits et de rencontres alors que la seconde demeure une mer fermée et prise en otage par les différents continents qui l'entourent.

Glissant représente la mer caribéenne comme un signifiant des histoires interrelationnelles mentionnées tantôt dans la partie introductive de l'archipel. Dans son livre, *Un Itinéraire poétique : Édouard Glissant et l'anti-anabase* (1979), Bernadette Cailler mentionne la complicité entre le migrant-nu et la mer :

> Le cordon ombilical à la terre africaine, une fois pour toutes tranché, le flot d'une culture et de ses langues étranglé, il n'y aura plus d'autre possibilité pour le déporté que d'établir des relations nouvelles, d'abord avec son île, et puis de l'île à la mer, et de la mer au monde (p. 117).

Cailler ne donne point des faits historiques spécifiques mais fait allusion à la formation d'une panoplie d'histoires rendues possibles par la connexion à la mer en tant que : « the unstable referent, zone of interrelationship and polyphony which provides an insight into Caribbean history » (*Edouard Glissant*, p. 36) [le référent instable, la zone d'interrelations et de polyphonies qui donne un aperçu de l'histoire antillaise]. L'allusion dans la citation de Cailler est comment la mer sert de fondement discursif de la théorisation du Tout-monde qui n'est que le résultat imprévisible de l'esclavage et du colonialisme dans la Néo-Amérique. Glissant fait une référence explicite à l'espace archipélique comme base théorique principale, une sorte de « prélude ardent au Tout-monde » (*Mémoires des esclavages*, p. 96).

Le leitmotiv discursif est démontré dans l'œuvre de Glissant par l'image spéciale du rhizome, un symbole emprunté de Gilles Deleuze et de Félix Guattari dans *Mille Plateaux* (1980). La représentation du rhizome est tellement significative que Peter Hallward, un critique phare de la fiction antillaise, déduit que Glissant est « the most thoroughly Deleuzian author in the Francophone world » (*Absolutely Postcolonial*, p. 67) [l'auteur le plus profondément deleuzien du monde francophone]. Glissant redéfinit le rhizome comme indicateur par excellence du milieu antillais, l'exceptionnalité archipélique. Dans *Poétique de la Relation*, Glissant met en relief sa dette envers Deleuze et Guattari dans son opposition analytique entre le rhizome et la racine unique :

> Gilles Deleuze et Félix Guattari ont critiqué les notions de racine et peut-être d'enracinement. La racine est unique, c'est une souche qui prend tout sur elle et tue alentour ; ils lui opposent le rhizome qui est une racine démultipliée, étendue dans la terre ou l'air, sans qu'aucune souche y intervienne en prédateur irrémédiable (p. 23).

Le développement du rhizome ne se limite pas à la description physique de l'archipel. Glissant le réutilise dans son articulation de l'identité par le truchement de deux notions antagonistes de la pensée, celle de l'arborescence et celle rhizomique pour symboliser les mondes du colonisateur et du colonisé, qui sont les axes principaux de l'analyse du troisième chapitre, « La France hostile ».

La structure rhizomique mise en avant par Glissant est réellement une marque vivante de l'archipel antillais avec la figure traditionnelle du jardin créole. Dans le magazine *Antilla*, Henri Pied donne une description graphique et imagée de ce dernier :

> Un jardin créole est constitué d'un citronnier, d'un pied de piments, d'un cocotier, d'un arbre à pain, d'un goyavier, de plantes aromatiques et potagères ; tous ces végétaux apparaissent en surface, très différents entre eux. Pourtant, sous la terre, leurs racines s'enfoncent et s'entremêlent, partageant la créolité, cette culture, ce patrimoine commun.

Cette présentation du jardin créole faisant office d'une sorte de « créolisation végétale » signale imaginativement ce que Glissant appelle « le gain de la multiplicité » dans son entretien avec Manthia Diawara, résultant du voyage historique du migrant-nu, du continent africain à l'archipel antillais. Ce « gain de la multiplicité » est une force poétique active dans le portrait de l'archipel antillais comme un vecteur de cultures composites par opposition à celles préexistantes, ataviques, y comprises celles d'Afrique durant et après la période de l'esclavage et du colonialisme.

La politique spatiale de Glissant ne veut pas simplement une occupation littérale de l'espace physique du monde en général et de l'archipel en particulier mais une occupation imaginative et imaginaire de cet espace relationnel où le moi reconnaît l'autre comme partenaire et partie de l'un et de l'autre. Dans sa contribution dans *Pour une littérature-monde*, Glissant adresse sa conception poétique et politique du monde comme suit : « En matière de politique aussi, ma référence la plus haute est le monde, non pas conçu comme l'internationale des prolétaires, mais comme lieu de rencontres, de choc de cultures, des humanités » (p. 77).

Projetant le modèle archipélique comme miroir du monde, Glissant redéfinit cet espace comme une sorte de « zone de contacts », une aire ambivalente de coexistence et de collaboration entre les différents peuples. Glissant se sert du leadership de Nelson Mandela comme référence d'une collaboration exemplaire dans l'implémentation des règles et des régulations directrices de cette « zone de contacts ». Dans *Introduction à une poétique du Divers*, Glissant fait le rappel de la maxime cardinale tirée de l'autobiographie de l'ancien président de l'Afrique du Sud, *Long Walk to Freedom* (1994) [Un Long chemin vers la liberté] : « Tout le chemin que j'ai fait jusqu'ici de 1912 à 1994, toutes ces luttes, ce n'est rien à côté de ce qui nous reste à faire, parce que ce qui nous reste à faire c'est le plus important, c'est de faire vivre ensemble toutes ces populations » (p. 24).

Contrairement à la plupart des théoriciens coloniaux et postcoloniaux, Glissant ne visualise pas exclusivement l'espace colonial ou postcolonial comme un espace de tensions et de combats. Il remet en cause les frontières classiques qui régissent le monde en logique binaire et antagoniste : Noir/Blanc, colonisé/colonisateur, moi/autre pour ne citer que ces quelques dénominations. Il encourage le développement de ce que Alexis Nouss appelle un « monde métis » dans *Plaidoyer pour un monde métis* (2005) dans son rappel suivant : « Les Caraïbes ou l'Amérique du Sud fournissent des exemples où la spatialité tierce est une réalité effective » (p. 62). Le monde métis de Nouss, qui n'est qu'une représentation iconographique du monde de Glissant dans son œuvre, recoupe

« l'espace-tiers » de Homi Bhabha théorisé dans sa collection d'essais, *The Location of Culture* (1991) [Les Lieux de la culture]. Il définit cet espace interstitiel comme un monde « d'entre-deux » qui va au-delà des frontières en ouvrant « the possibility of a cultural hybridity that entertains difference without an assumed or imposed hierarchy » (p. 5) [la possibilité d'une hybridité qui conçoit la différence sans une hiérarchie assumée ou imposée]. Accentuant la force de négociation entre le moi et l'autre, Glissant et Bhabha affirment que la réalisation des dialogues entre les cultures ne peut avoir lieu que si et seulement si les frontières sont transformées en espaces « entre-deux » plutôt que des zones précises et balisées.

Cette nouvelle voie de politique spatiale qui tente d'établir des interconnexions entre les cultures se veut être perçue et adoptée non pas seulement par la classe dirigeante de la Périphérie et mais aussi par celle du « Centre ». Glissant se sert de l'exemple de l'archipel antillais comme modèle pour le monde dans sa totalité. Dans son analyse du concept du « Tout-monde » dans « De l'esclavage au Tout-Monde », Jacques Chevrier insiste sur l'importance symbolique de l'espace antillais en relation avec le monde actuel : « Ce processus, cette alchimie anthropologique a produit l'identité créole et, finalement la poétique du monde actuel » (pp. 62-63).

Lors d'un entretien avec le Centre Antillais de Recherches et d'Études (CARE), Glissant évalue la situation actuelle des anciennes colonies sur un ton regrettable :

> Ce qui dans l'Histoire a fait peser en nous des ratages, aujourd'hui, dans les histoires qui se rassemblent sans s'éluder, nous projette tels quels en pleine problématique du monde. Ce qui était notre faiblesse devient notre force. Nous avons raté la décolonisation, les nationalismes, les internationalismes, qui étaient certes les voies de l'Histoire. Peut-être ne raterons-nous pas la mise en relation, le relatif non systématique.

Cette position de Glissant est une sorte d'alerte adressée primordialement à la classe dirigeante de la postcolonie qu'il encourage à tirer des leçons des expériences passées riches du migrant-nu qui a su transformer des situations défavorables en celles favorables durant l'esclavage et le colonialisme.

La politique spatiale de Glissant est enracinée dans son slogan poétique et politique évoquée dans l'introduction à savoir : « agis dans ton lieu, pense avec le monde ». Celui-ci est représenté dans son explication de l'archipel et du continent. Il contraste ces deux espaces distincts pour visualiser le monde dans sa totalité. Pour rendre l'explication plus limpide, il associe ces deux espaces avec la notion centrale de la « pensée ». Dans *Traité du Tout-monde* et dans *Philosophie de la Relation*, il utilise tous les deux espaces pour mettre en relief les stratégies mises en place par la classe dirigeante dans les nations contemporaines. Dans le premier livre, Glissant projette sa pensée archipélique comme mode opératoire de sa notion de la Relation en défaveur des pratiques systématiques et systémiques :

> La pensée archipélique convient à l'allure de nos mondes. Elle en emprunte l'ambigu, le fragile, le dérive. Elle consent à la pratique du détour, qui n'est ni fuite ni renoncement. […] C'est s'accorder à ce qui du monde s'est diffusé en archipels précisément, ces sortes de diversités dans l'étendue, qui pourtant rallient des rives et marient des horizons. Nous nous apercevons de ce qu'il y avait de continental, d'épais et qui pesait sur nous, dans les somptueuses pensées de système qui jusqu'à ce jour ont régi l'Histoire des humanités, et qui ne sont plus adéquates à nos éclatements, à nos histoires ni à nos non moins somptueuses errances. La pensée de l'archipel nous ouvre ces mers (p. 31).

Cette citation résume bien la vision socio-politique mondiale de Glissant qu'il partage avec ses collaborateurs dans la projection futuriste de l'archipel antillais au lendemain de la grève générale de 2009. Elle expose réellement les échecs de la politique de la classe dirigeante postcoloniale ou plutôt néocoloniale, « l'élite hellénisée » pour reprendre les propos de Sartre dans la préface des *Damnés de la terre* (1961), qui continue de prendre en otage l'espace national.

II. LA TRACE : RECONSTITUTION ET RECONSTRUCTION

L'analyse de l'exceptionnalité archipélique s'est jusqu'ici focalisée sur l'espace d'action du migrant-nu : l'archipel antillais. Elle a montré comment Glissant rend hommage à ce dernier pour sa transformation héroïque de l'archipel en un espace assez vivable malgré les pressions qu'imposent l'esclavage et le colonialisme. Pour avoir une image plus complète de cet hommage, il est important d'analyser la notion de la trace, un « mot-source » explicite qu'utilise Jean Joubert dans sa contribution intitulée « L'Archipel Glissant » dans *Poétiques d'Édouard Glissant* (1999).

La trace est un outil poétique qui est évoquée fréquemment dans l'œuvre de Glissant et plus particulièrement dans ses essais où il expose le legs fondamental du migrant-nu. Tel que mentionné plus tôt, Glissant rend un vibrant hommage à ce dernier par la trace dans son entreprise d'autocréation à partir du néant. Dans *Traité pour le Grand Dérangement*, Glissant et ses co-auteurs louent en unisson le travail entrepreneurial d'autocréation et d'affirmation de soi du migrant-nu, leur ancêtre :

> Au plus profond du deshumain esclavagiste, nos ancêtres avaient déployé des stratégies qui s'inscrivaient dans ce que l'humain avait de mieux humain : la solidarité, le partage, la mise en commun… ils avaient des "convois" qui mutualisaient leurs moyens et qui leur assuraient d'être enterrés dignement (p. 14).

Glissant utilise les tactiques de survie du migrant-nu pour établir le legs de ce dernier comme une trace elle-même qui doit être revivifiée dans notre situation actuelle. Dans *Introduction à une poétique du Divers*, il définit poétiquement la trace comme « la poussée tremblante du toujours nouveau » (p. 69) pour montrer sa valeureuse nature progressive dans les interactions humaines. Cette caractéristique référentielle et révérencielle est renouvelée régulièrement dans l'œuvre de Glissant des premières aux dernières productions telles *Traité du Tout-monde* où le mot trace apparaît à maintes reprises et est écrite en lettres majuscules, devenant un marqueur double de la « coprésence de la présence et de l'absence ». Ce faisant, Glissant envahit le riche environnement intime du migrant-nu au milieu des batailles d'affirmation de soi.

Cependant, l'invasion de l'espace personnel ou communal de ce dernier est loin d'être une entreprise nostalgique de retour au passé mais plutôt d'un détour qui lie aussi bien les aires et les ères du passé, du présent que celles du futur. C'est-à-dire que ce détour est un pont consolidateur à travers l'archipel antillais dans le temps et dans l'espace. Dans l'introduction de sa traduction de *Poétique de la Relation* de Glissant, *Poetics of Relation*, Betsy Wing accentue ce lien particulier, un connecteur logique entre les générations passées et celles présentes : « Utilization (outilisation), tooling of the past to serve the present is Glissant's work (xvii) » [L'utilisation (outilisation), outil du passé pour servir le présent est le travail de Glissant]. L'analyse de Wing de l'importance du passé comme un outil central de démarcation et d'identification de soi n'est point exclusive à l'œuvre de Glissant. En effet, elle est expansible à la fiction antillaise en général avec *La Rue Cases-Nègres* de Zobel comme l'un des exemples les plus évidents.

L'autobiographie romanesque de Zobel est d'autant plus pertinente dans l'analyse de la trace chez Glissant que M. Médouze, l'un des personnages centraux peut être vu comme l'incarnation typique de son migrant-nu. Ourlant son récit historique sur l'Afrique par le biais de l'oralité, Zobel présente un vrai duo, M. Médouze, qui raconte à Hassam José, le narrateur homodiégétique et élève attentif, des histoires qui établissent un lien corrélatif entre le passé et le présent voire le futur. M. Médouze joue le rôle de « traceur » de l'héritage africain, le griot africain, le gardien du temple des traditions tel que dépeint par Djibril Tamsir Niane dans son *Soundjata ou l'épopée mandingue* (1960) : « Nous sommes les sacs à paroles, nous sommes les sacs qui renferment des secrets plusieurs fois séculaires. L'art de parler n'a pas de secret pour nous ; sans nous les noms des rois tomberaient dans l'oubli, nous sommes la mémoire des hommes... » (p. 9).

Cette représentation du griot de Niane montre une différence nette entre le griot et conteur africain et celui des Antilles dans leur approche méthodologique relative au passé.

Quand le premier griot tire des exploits glorieux du passé pour fonder son récit, le dernier, tel qu'exposé dans le livre de Zobel, relate le statu quo pour expliquer la marche de la société actuelle et la misère des peuples non-Békés. M. Médouze retrace sa propre histoire avant, durant et après la traversée de l'Atlantique pour conscientiser José des défis sociétaux de la Martinique dans les années 1930. De façon artistique véhiculée par les devinettes et les contes, Médouze aide José à immortaliser les traces africaines qu'il utilise comme éléments fondamentaux de ses rédactions au lycée à Fort-de-France. L'autre différence entre le griot africain et celui antillais est que l'histoire du premier est centrée sur des individus extraordinaires quelconques alors que celle du dernier est axée sur la communauté des personnes ordinaires, faisant de lui une sorte de « medium pour le cri collectif » (Renée Larrier, p. 276).

Le retraçage du passé à travers l'orature est un motif récurrent aussi bien dans les productions de fiction que dans celles de non-fiction de Glissant. Dans *Le Discours antillais* par exemple, il se présente comme « un héritier du conteur » qui affirme que l'oralité est naturellement partie intégrante des cultures antillaises :

> Il n'est étonnant d'affirmer que pour nous la musique, le geste, la danse sont des modes de communication, tout aussi importants que l'art de la parole. C'est par cette pratique que nous sommes d'abord sortis des Plantations ; c'est à partir de cette oralité qu'il faut structurer l'expression esthétique de nos cultures. Il ne s'agit pas de prétendre que l'écriture nous est inutile… Il s'agit pour nous de concilier enfin les valeurs des civilisations de l'écrit et les traditions longtemps infériorisées des peuples de l'oralité (p. 462).

La réconciliation de l'écrit et de l'oral est apparente dans l'œuvre de Glissant car il adopte et adapte un style créolisé où toute forme recoupe mutuellement l'autre. Dans ses travaux, il établit un art de la préservation des traces africaines de manière implicite et explicite. Dans *Poétique de la Relation*, Glissant inscrit beaucoup de références orales telles les chansons et les poèmes au sein de l'essai comme moyens de justification de son analyse théorique. Dans *Traité du Tout-monde*, Glissant adresse spécifiquement l'interrelation entre les formes écrite et orale : « Écrire c'est vraiment dire : s'épandre au monde sans se disperser ni s'y diluer, et sans craindre d'y exercer ces pouvoirs de l'oralité qui conviennent tant à la diversité de toutes choses, la répétition, le ressassement, la parole circulaire, le cri en spirale » (p. 121).

Dans leur *Éloge de la Créolité*, les Créolistes revigorent cette approche à l'oralité. Ils proposent un profond enracinement dans l'oralité comme moyen d'expression de l'identité créole. Dans leur entreprise de réécriture ou de rectification de l'Histoire antillaise imposée par les colons, ils définissent leurs histoires comme «paroles sous l'écriture». Avec l'aide des formes orales, ils mettent à jour les différentes facettes des histoires créoles :

> Notre écriture doit accepter sans partage nos croyances populaires, nos pratiques magico-religieuses, notre réalisme merveilleux, les rituels liés aux 'milan,' aux phénomènes du "majo", aux joutes de "ladja", aux "koudmen." Écouter notre musique et goûter à notre cuisine (p. 41).

Glissant axe sa théorisation de la trace à travers sa connotation temporelle telle que démontrée dans les paragraphes précédents sur l'oralité en tant que mode d'expression de l'héritage du migrant-nu. Celle-ci rappelle Derrida dans un de premiers essais introduisant sa théorie sur la déconstruction, *De la grammatologie* (1967), dans lequel il insiste sur le caractère original et intrinsèque de la trace : « [Elle] n'est pas seulement la disparition de l'origine, elle veut dire ici [...] que l'origine n'a même pas disparu, qu'elle n'a jamais été constituée qu'en retour par une non-origine, la trace qui devient l'origine de l'origine (p. 90) ». La définition de Derrida est bien confirmée dans le portrait du migrant-nu fait par Glissant qui transforme la trace en un outil directeur dans la représentation du point d'intrication, la véritable « origine de l'origine », une phase prépondérante dans la redéfinition des histoires antillaises. Ce moment est une étape de révélation qui donne une valeur significative au passé, qu'il dénomme « la vision prophétique du passé » que l'histoire recompose de manière imaginative et imaginaire.[17]

Outil capital dans le processus du combat contre les colons, la trace permet au migrant-nu de se libérer et de rejeter la donne à laquelle il est soumis. Dans *Tout-monde*, Glissant rappelle le pouvoir particulier de la trace :

> La trace court entre les bois de la mémoire et les boucans du monde nouveau… La musique est une trace qui se dépasse, le jazz, la biguine, le reggae, la salsa. […] La langue créole est une trace qui a jazzé dans les mots français […] La trace vous libère quand on vous tient par force sur le grand chemin pavé, goudronné (p. 238).

Cette citation illustre la façon poétique par laquelle Glissant utilise la trace comme symbole dénotatif de la manière de vivre non-systémique par opposition à celle systémique des esclavagistes. Similairement, Chamoiseau et Confiant insistent sur le pouvoir de la trace comme marque de distanciation et de distinction entre les mondes du migrant-nu et du colon dans leur analyse de sa dimension physique, la tracée, dans *Lettres créoles* (1991) :

> La chose est frappante ; à côté des routes coloniales dont l'intention se projette tout droit, à quelque chose, à quelque utilité prédatrice, se déploient d'infinies petites sentes que l'on appelle tracées. Élaborées par les Nègres marrons, les esclaves, les Créoles, à travers les bois et les mornes du pays, ces tracées disent autre chose. Elles témoignent d'une spirale coloniale que le plan colonial n'avait pas prévue (p. 12).

Les descriptions de la trace et de la tracée par Glissant et Chamoiseau et Confiant montrent la véritable complicité entre le migrant-nu opprimé et la nature antillaise, une sorte de victoire de ce dernier sur son maître, une dynamique relation-

---

[17] Voir *Introduction à une poétique du Divers*, p. 67.

nelle digne de la dialectique hégélienne du maître et de l'esclave.[18] Ces routes imprédictibles sont des voies camouflées entreprises par le migrant-nu, l'esclave, pour se libérer du joug du maître esclavagiste.

Après avoir analysé la trace par sa dimension temporelle pour montrer les tactiques de combat mises en place par le migrant-nu, il est important d'étudier comment sa reconstitution favorise une nouvelle perspective dans la société dans son ensemble. Glissant affirme que le migrant-nu peint une notion de la culture entièrement différente, celle multiple par opposition à celle unique de l'Un, perpétuée par les traditions monolithiques imposées par les maîtres esclavagistes. Dans « Édouard Glissant : Du Tellurique à l'universel » dans *Horizons d'Édouard Glissant*, Antonio Ferreira affirme que Glissant récupère la conceptualisation de la culture multiple comme fondation de son « intention poétique ». Il réclame le multiple et rejette l'Un et l'absolu en proclamant une « diversité de l'Un et l'unité du Divers » (p. 23).

Cette notion du divers implique un dialogue entre les différentes cultures et réfute une imposition de toute forme de modèle préétabli. L'analyse de la culture multiple par le truchement de la notion de la trace est proche de la notion de l'hybridité développée par Bhabha dans l'articulation de la nation dans « DissemiNation » dans *The Location of Culture*. Bhabha évoque une « hybrid national narrative that turns the nostalgic past into the disruptive anterior and displaces the historical present, opens up to other histories and incommensurable narrative subjects » (p. 240) [une histoire nationale hybride qui transforme le passé nostalgique dans l'antérieur turbulent et déplace le présent historique, s'ouvre à d'autres histoires et à des sujets narratifs incommensurables]. Glissant et Bhabha affirment tous les deux que les troubles de la société moderne résultent du culte des valeurs voire des antivaleurs, telles le nationalisme, l'homogénéité plutôt que la « nationness » (l'absence de la nation) et l'hétérogénéité qui sont non

---

[18] Voir *La Phénoménologie de l'esprit* de Hegel.

seulement populaires en Occident mais aussi dans le Reste du monde, y compris l'archipel antillais.

Pour avoir une image plus compréhensive de la notion de la trace chez Glissant, il est nécessaire de l'associer avec l'instrument commun de la « pensée », un motif stratégique lui permettant d'élaborer davantage les implications relationnelles entre la poétique et la politique. Dans ses essais, il différencie les mondes susmentionnés par les terminologies de la pensée de la trace, une voie démarcative de la pensée de systèmes :

> La pensée de la trace s'appose par opposition à la pensée de systèmes, comme une errance qui oriente. Nous connaissons que la trace est ce qui nous met, tous, d'où que venus, en relation. La pensée de la trace permet d'aller loin des étranglements de systèmes. Elle réfute par là tout comble de possession… Elle est l'errance qu'on partage (*Traité du Tout-monde*, pp. 19-20).

En guise d'exemplification, Glissant utilise la langue comme instrument relationnel qui régule la pensée de la trace, reconnaissant les diversités singulières qui caractérisent les mondes de la trace et des systèmes imposants. La langue devient ainsi la trace fondamentale dans les histoires antillaises qui outillent le migrant-nu pour s'imposer sur les locuteurs de la langue empreinte, la langue coloniale comme l'analyse Lise Gauvin dans son chapitre « L'imaginaire des langues » dans *Poétiques d'Édouard Glissant*.

L'exclusivité de la langue parmi les autres traces est une question récurrente dans l'œuvre de Glissant qu'il projette comme une arme manifeste dans la recréation de la personnalité du migrant-nu. D'une part, son argument est en phase avec la définition classique de la langue par des linguistiques tels Émile Benveniste qui mentionne dans son premier volume de *Problèmes de linguistique générale* (1966) : « C'est de et par le langage que l'homme se constitue comme sujet ; parce que le langage seul fonde en réalité, dans sa réalité qui est celle de l'être, le concept d'"égo" » (p. 259). D'autre part, la conceptualisation de la langue chez Glissant diffère quelque peu de celle de Benveniste. Même si Glissant admet le pouvoir de la langue dans le processus de l'affirmation de soi, il soutient qu'aux Antilles le concept d'égo est dilué au bénéfice du groupe. Le migrant-nu établit la langue créole d'une voie inter-relationnelle par ce qu'il appelle « la pratique de la trace », une stratégie de détour qui met en coexistence la langue d'empreinte, la langue du maître et les « langues-errance », celles des esclaves.

Glissant loue l'entreprise de reconstitution d'une langue commune par le migrant. Dans des moments difficiles, ce dernier a pu créer la langue créole, une langue unificatrice qui combine les différents dialectes de la langue française, notamment le normand, le poitevin et le picard et une majorité de langues africaines comme le wolof, le yoruba, l'éwé, l'akan et le poular, entre autres. Dans *Introduction à une poétique du Divers*, Glissant fait l'éloge de la créativité et de l'inventivité du migrant-nu : « Il était absolument imprévisible qu'en deux siècles, une communauté asservie ait pu produire une langue à partir d'éléments aussi hétérogènes » (p. 20). La langue créole communale élève le migrant-nu au-dessus de son maître dont la langue française était subdivisée en dialectes, rendant la communication entre les locuteurs colonialistes difficile. Glissant dramatise l'ignorance du maître esclavagiste du plan d'exécution de ses propres esclaves qui associe la langue créole au petit-nègre ou au français corrompu. En contre-attaque aux conclusions infondées du maître, le migrant-nu considère sa langue comme forme unique de défiance : « Tu veux me réduire au bégaiement, je vais systématiser le bégaiement, nous verrons si tu t'y retrouveras » (*Le Discours antillais*, p. 32).

III. LA SITUATION ACTUELLE DE L'ARCHIPEL

Les deux parties précédentes de ce chapitre ont insisté sur la dimension exceptionnelle de l'archipel en analysant comment Glissant représente le travail valeureux du migrant-nu dans son entreprise de reconstitution et de reconstruction de ses traces. Dans cette troisième partie, l'accent est mis sur l'utilité de l'héritage du migrant-nu comme un atout majeur dans le combat de libération totale au lendemain de la grève générale de 2009 aux Antilles francophones. Dans les manifestes relatifs à cette dernière, notamment *Manifeste pour les produits de haute nécessité* et *Traité pour le Grand Dérangement*, Glissant et ses collaborateurs de la Martinique, de la Guyane française, de la Guadeloupe et de la Réunion préconisent une sorte de « retour et recours aux sources » dans la théorisation et l'exécution des résolutions politiques pour l'amélioration de la vie des populations archipéliques.

Avant d'entamer en profondeur l'analyse de ces deux œuvres, il est important de faire une présentation brève de cet événement historique. La grève générale aux Antilles a débuté le 20 janvier 2009 en Guadeloupe et puis s'est propagée progressivement dans les autres DROM-COM à savoir la Martinique, la Guyane française et la Réunion le 5 mars, ayant duré 44 jours d'arrêt de travail et paralysé beaucoup de secteurs économiques et administratifs. Sous la direction unificatrice des syndicalistes de ces DROM-COM, le LKP[19] en parfaite collaboration avec les peuples antillais ont manifesté contre le coût élevé des conditions de vie et l'exploitation des ressources naturelles durant la présidence de Nicolas Sarkozy. Ils ont dénoncé ce que Christiane Taubira, l'ancienne députée de la Guyane à l'Assemble Nationale française, appelle « l'apartheid social », un système de castes privilégiant les Békés sur la grande majorité de la population, les « damnés de la terre », victimes du « dogme du libéralisme de socialisation antisociale » (*Manifeste pour les produits de haute nécessité*, p. 2). Le LKP a rencontré les représentants locaux, « les marionnettes de la Métropole » mais leurs discussions se sont avérées vaines, ce qui fait que la situation s'est empirée jour après jour tout au long de la longue durée de la grève générale.

Dans sa plateforme de cent-vingt doléances, le LKP a dénoncé la marginalisation générale des DROM-COM dans les affaires de la Nation dans tous les domaines tels l'éducation, l'emploi, l'environnement et le logement, entre autres. Dans l'entretien avec *Le Journal du Dimanche* du 14 février 2009 inti-

---

[19] LKP en créole est l'abréviation de *Liyannaj Kont Pwogitasyon* traduite en français en Collectif contre l'Exploitation Outrancière.

tulé « On frôle l'apartheid social », Christiane Taubira expose les grands défis auxquels les Antilles francophones font face dont le plus saillant est le chômage.[20] Elle fustige les politiques de discrimination et d'isolement mises en place par le gouvernement de Sarkozy en ces termes : « L'Outre-mer n'est pas une danseuse chère à entretenir mais un territoire oublié de la République ou plutôt un territoire spolié ».

Dans *Manifeste pour les produits de haute nécessité*, Glissant et ses collaborateurs réitèrent les propos remarquables de Taubira, endossent et magnifient le travail exceptionnel du LKP et de leurs adeptes dans leurs tactiques de réunification et de regroupement de tous les travailleurs dans les différents secteurs à travers l'archipel tout en fixant une série d'objectifs communs : `

> [L]a force de ce mouvement est d'avoir su organiser sur une même base ce qui jusqu'alors s'était vu disjoint, voire isolé dans la cécité catégorielle, à savoir les luttes jusqu'alors inaudibles dans les administrations, les hôpitaux, les établissements, les entreprises, les collectivités territoriales, tout le monde associatif, toutes les professions artisanales et libérales (p. 1).

Cette politique du bas vers le haut développée par les dirigeants du LKP sous le nom de « la dynamique du *liyannaj* »[21] définie comme « une stratégie qui est d'allier et de rallier, de lier et de relier, et de relayer tout ce qui se trouvait désolidarisé »[22] recoupe la pratique de la trace de Glissant évoquée tantôt, une caractéristique centrale de sa vision sociale tout au long de sa carrière d'écrivain et d'activiste politique engagé.

La dynamique du *liyannaj* est reflétée dans les essais de Glissant sous diverses formes. Dans *Le Discours antillais*, Glissant lance un appel à tous les groupes de l'archipel antillais à collaborer et à faire front commun contre toute politique du « diviser

---

[20] Le taux de chômage en 2008-2009 est de 8 % dans la Métropole et 23 % dans les DROM-COM.

[21] *Liyannaj* en créole veut dire collectif comme dans LKP

[22] *Manifeste pour les produits de haute nécessité*, p. 2.

pour mieux régner » héritée des esclavagistes, les opposants farouches du migrant-nu : « Les problématiques de l'antillanité révèlent non pas de l'élaboration intellectuelle mais du partage et de la communauté, non pas de l'exposé doctrinal mais des espoirs débattus, et non pas de nous d'abord mais de nos peuples avant tout » (p. 424). L'approche holistique de Glissant précise que l'avenir archipélique repose sur les efforts collectifs de tous les peuples de toutes les Antilles, ce qu'il démontre dans sa façon de collaborer avec les auteurs et théoriciens de la Guadeloupe à la Réunion en passant par la Guyane française et sa Martinique natale dans la rédaction collective de deux manifestes précités. Dans ces derniers, Glissant et ses collaborateurs poussent les dirigeants à être beaucoup plus expressifs et affirmatifs dans leur combat noble. Autrement dit, ils les encouragent à ne pas réduire le mouvement en une sorte « d'événement quelconque » passager : « Ce mouvement se doit de fleurir en vision politique, laquelle devrait ouvrir à une force politique de renouvellement et de projection apte à nous accéder à la responsabilité de nous-mêmes par nous-mêmes et au pouvoir de nous-mêmes sur nous-mêmes » (*Manifeste pour les produits de haute nécessité*, p. 4).

Glissant et ses collaborateurs rejettent le modèle de représentation des « pseudo-pouvoirs » imposé par l'administration de Sarkozy. Ces « pseudo » dirigeants sont dépeints par Homi Bhabha dans *The Location of Culture* comme les « mimic men » [hommes imitateurs] qui réadaptent « a complex strategy of reform, regulation and discipline, which "appropriates" the Other as it visualizes power (p. 85) » [une stratégie complexe de réforme, de régulation et de discipline qui "s'approprie" l'Autre dans la conception du pouvoir]. Ces "imitateurs" sont généralement présents dans beaucoup de textes postcoloniaux comme des renégats culturels et politiques qui envient les dirigeants coloniaux au sens fanonien du terme. Dans *Les Damnés de la terre* (1961), Fanon analyse la notion de l'envie en étudiant les effets psychologiques du colonialisme sur le sujet colonial : « Le regard que le colonisé jette sur la ville du colon est un regard d'envie. Rêves de possession. Tous les modes de possession : s'asseoir à la table du colon, coucher dans le lit du colon, avec sa femme si possible. Le colonisé est un envieux » (p. 5).

Malgré leur accusation directe contre la Métropole française et ses associés locaux, les dirigeants envieux, Glissant et ses collaborateurs n'exigent pas l'indépendance immédiate et séparatiste de chaque DROM-COM. Ils développent un principe de la responsabilisation collective qui s'éloigne de leurs trois piquets d'écartement, notamment « Assimilation, Autonomie, Indépendance ». Leur principe stratégique est la responsabilisation fondée sur l'interdépendance non seulement des différents territoires antillais mais aussi de la Métropole, suivant un processus graduel :

> S'accorder sur le processus c'est se donner une chance de rester ensemble dans l'élan créé par l'événement. C'est se libérer l'esprit de la rigidité du dogme ou de la peur, afin de vivre sans crainte ni division ce désir d'être, d'exister, de décider pour nous-mêmes sur des terres qui sont nôtres (p. 10).

Cette position promue par Glissant et ses collaborateurs dans le traitement de la désillusion des Antilles est en contraste notoire avec celle de la plupart des théoriciens et dirigeants postcoloniaux, notamment leurs homologues dans le continent africain au lendemain des indépendances. Autrement dit, ils ne tombent pas dans les pièges du post-colonialisme ayant favorisé l'émergence des nations séparées les unes des autres dans les années 1960. Dans le développement de leur notion cardinale de l'interdépendance dans le *Traité pour le Grand Dérangement*, les collaborateurs de Glissant ont adopté et adapté sa théorie de la Relation qui exclut toute forme de nationalisme aveugle considéré par Dirlik dans son article, « Rethinking Colonialisme » [Repenser le colonialisme] comme « a new form of colonialism in the suppression and appropriation of local identities for a national identity » (p. 248) [une nouvelle forme de colonialisme dans la suppression et dans l'appropriation des identités locales pour une identité nationale].

L'interdépendance est un principe fondamental qui régit la vision du monde de Glissant, le Tout-monde, une alternative qui sera le principal objet de l'analyse dans le dernier chapitre, « Vers des totalités imaginaires ». Ce principe est enraciné dans la maxime spéciale annoncée dans l'introduction et analysée dans la conclusion du premier chapitre, notamment « agis dans ton lieu, pense avec le monde ». Glissant encourage tous les peuples en général et ceux archipéliques en particulier à développer une attitude de la responsabilité collective pour contrecarrer toute forme d'imposition. Sous cet angle, Glissant et ses collaborateurs considèrent poétiquement et politiquement la responsabilité comme un produit ou plutôt une arme de haute nécessité. Ils montrent leur dédain et leur rejet de l'idée de la départementalisation, une tactique néocoloniale utilisée par le gouvernement de la Métropole pour raviver « l'absurdité coloniale » : « C'est comme si la France avait été formatée pour importer toute son alimentation et ses produits de grande nécessité depuis des milliers et des milliers de kilomètres » (p. 5).

Pour réduire voire éliminer cette dépendance de la Métropole, Glissant et ses collaborateurs proposent stratégiquement le changement d'attitude vis-à-vis de l'archipel antillais qu'ils projettent comme « un espace entre-deux » des Antilles par les Antillais : « Il y a donc une haute nécessité à nous vivre caribéens dans nos imports exports vitaux, à nous penser américain pour la satisfaction de nos nécessités, de notre autosuffisance énergétique et alimentaire » (p. 5). Une telle considération requiert une culture forte d'un profond sentiment archipélique et une démarcation d'un des trois pôles de changement à savoir l'assimilation ; l'assimilé se trouvant « abandonné, incertain des valeurs qu'il élabore peu à peu et en profondeur se francise » (*Le Discours antillais*, p. 202).

Les enjeux de la responsabilisation et de l'interdépendance sont complétés par celui de l'interdépendance relationnelle que Glissant et ses collaborateurs proposent comme base de leur notion pratique de « haute politique » définie dans *Traité pour le Grand Dérangement* comme « un art politique qui installe l'individu, sa relation à l'Autre, au centre d'un projet commun où règne ce que la vie a de plus exigeant, de plus intense et de plus éclatant, et donc de plus sensible à la beauté » (p. 8).

Cependant, il est crucial de préciser que la vision de la haute politique n'est pas une alternative exclusive à la désillusion au sein de l'archipel. Cette approche archipélique extraite de la dynamique du *liyannaj* mise en avant par le LPK héritée du migrant-nu dans son projet de reconstitution et de reconstruction se répand petit à petit dans le monde dans sa totalité :

> La responsabilité collective ouvre à l'interdépendance qui est la marque du tout-monde actuel. Toute responsabilité ouvre d'abord à la lucidité. Et toute lucidité en nos pays ne saurait ouvrir à une déclaration d'indépendance, de rupture ou de séparation, mais à une décision d'interdépendance : interdépendance avec la Caraïbe ; interdépendance avec les Amériques ; interdépendance avec la France et à travers elle avec l'Europe ; enfin l'interdépendance avec le monde (*Traité pour le Grand Dérangement*, p. 11).

Cette approche de l'interdépendance est bien diagnostiquée dans la vision de l'Antillanité de Glissant introduite dans le premier chapitre où elle est examinée en correspondance et en contraste avec la Négritude et la Créolité, les deux autres piliers de la pensée archipélique antillaise. Dans *Le Discours antillais*, Glissant signale que l'à-venir du monde en général et celui de l'archipel en particulier dépend du développement d'une politique relationnelle d'interdépendance : « La nation n'apparaît pas alors comme l'écho d'un sectarisme, mais comme la promesse d'un partage avec d'autres » (p. 439).

En conclusion, Glissant offre une position révolutionnaire vis-à-vis des événements historiques troublants de l'esclavage et du colonialisme. Il valorise le travail exceptionnel de reconstitution et de reconstruction du migrant-nu en démontrant que le dernier dompte son espace de façon imprévisible. Adoptant et adaptant le modèle exemplaire du migrant-nu, Glissant théorise poétiquement et politiquement la vision archipélique comme perspective qui décentre et déterritorialise notre monde systémique et systématique en un monde relationnel en totalité, qui garantit une visibilité à tous ses demeurants aussi bien en Occident que dans le Reste du monde. Cette perspective archipélique dérivée des riches expériences et du legs du migrant-nu est centrale dans l'examen de la situation particulière de la France dans le chapitre suivant, « La France hostile ».

Chapitre III :

La France hostile

[C]haque être est un composé de vies et de rencontres multiples, un fourmillement avec ses tensions, ses aspirations contraires [...] qui ne peut pas se réduire à cette fiction identitaire nationale.

Michel Le Bris et Jean Rouaud eds.
Je est un autre.

L'identité n'est pas donnée une fois pour toutes, elle se construit et se transforme tout au long de l'existence.

Amin Maalouf. *Les Identités meurtrières.*

Dans l'introduction de son livre de référence, *Culture and Imperialism* (1993) [Culture et Impérialisme], dans lequel il analyse les interrelations entre l'Occident et l'Orient, le colonisateur et le colonisé, Edward Saïd affirme que « [t]he world has changed [...] in ways that have surprised, and often alarmed, metropolitan Europeans and Americans, who now confront large non-white immigrant populations in their midst, and face an impressive roster of newly empowered voices asking for their narrative to be heard » (xx) [le monde a changé [...] de manière ayant surpris et parfois alarmé les Américains et les Européens de la Métropole qui font maintenant face à beaucoup de populations d'immigrés non-blancs en leur sein et sont confrontés à une panoplie de voix nouvellement autonomes qui exigent à ce que leurs récits soient entendus]. Cette observation est bien exemplifiée dans l'œuvre de Glissant car son histoire centrale actualise les répercussions des événements paradigmatiques de l'esclavage et du colonialisme sur l'Occident et sur le Reste du monde. Glissant le met en relief par un récit personnel au tout début d'un de ses essais initiaux, *Soleil de la conscience* :

> Venu de la Martinique (qui est une île de la ceinture caraïbe) et vivant à Paris, me voici huit ans engagé à une solution française : je veux dire que je ne le suis plus seulement parce qu'il est ainsi décidé sur la première page d'un passeport, ni parce qu'il se trouve qu'on m'enseigna cette langue et cette culture, mais encore parce que j'éprouve de plus en plus nécessaire une réalité dont je ne peux pas m'abstenir (p. 13).

Glissant a progressivement développé ce thème central tout au long de sa production littéraire et philosophique, particulièrement dans ses essais les plus récents, *Quand les murs tombent* et *Mémoires des esclavages* dans lesquels il utilise un langage direct et poignant qui s'adresse explicitement à la France en général et au gouvernement français en particulier sur des sujets brûlants comme l'immigration et l'identité nationale.

Ce chapitre qui expose ces aspects de ses écrits continue l'analyse dans les parties antérieures en développant davantage les vrais effets de l'esclavage et du colonialisme sur la nation française présentement occupée par ses « sujets postcoloniaux ». Achille M'bembe saisit imaginativement cette nouvelle donne dans son essai, *Sortir de la grande nuit* (2010) : « Aujourd'hui la *plantation* et la *colonie* se sont déplacées et ont planté leurs tentes ici-même, hors les murs de la Cité (*en banlieue*) » (p. 94).

L'analyse montre comment Glissant répond de manière proactive à la situation actuelle de la France prise dans un dilemme caractéristique entre une nation « une et indivisible » et « plurielle et distincte » après son envahissement par sa propre communauté francophone. En d'autres termes, l'accent est mis sur la manière dont Glissant pousse la France à faire un « saut hors des ténèbres » qui consiste à se transformer d'un « état-nation » en une « nation-relation » théorisée poétiquement et politiquement dans *Quand les murs tombent*. Comment sont les stratégies socio-politiques développées par la classe dirigeante française pour accommoder les populations diverses des immigrés ? Comment dé/sacralisent-elles les valeurs de la République enracinées dans la devise : « Liberté, Égalité, Fraternité » ?

Pour répondre à ces questions précitées, il est important de revisiter les œuvres initiales de Glissant sur la poétique et la politique de l'identité en corrélation avec les plus récentes, notamment *Quand les murs tombent*, un de ses derniers essais écrit en collaboration avec Patrick Chamoiseau demandant l'effondrement des murs de l'identité érigés par Sarkozy et son fameux Ministère de l'Immigration, de l'Intégration, de l'Identité nationale et du Co-développement. L'analyse est axée sur trois point principaux : le débat sur l'identité nationale, le diagnostic sur la nature problématique du concept de l'identité nationale et les alternatives proposées par Glissant et Chamoiseau pour résoudre cette équation identitaire énigmatique posée par Nicolas Sarkozy et son administration en général et ledit ministère en particulier.

La première partie donne un aperçu historique sur la politique de l'immigration déclinée par le ministère en question, la réception et les réponses à la question de l'identité nationale en relation avec l'immigration. Elle sert de contexte à l'évaluation spécifique de Glissant de « l'émotion du moment » en France pour reprendre le terme de Tzvetan Todorov dans *Les Ennemis intimes de la démocratie* (2012). La deuxième partie analyse la réponse réactive voire proactive de Glissant et de Chamoiseau au débat en se focalisant particulièrement sur les échecs de l'agenda politique de Sarkozy non sans se poser les questions suivantes : Quels sont les impacts de la politique de l'identité et de l'immigration en France sur les populations immigrées et sur les Français en général ? Quels sont les vrais motifs cachés dans cet agenda politique ? Finalement, la troisième partie présente les alternatives de Glissant et de Chamoiseau à ce statu quo. L'accent est principalement mis sur leur poétique et politique de l'identité, leur proposition de la nation-relation au lieu de l'état-nation par le truchement du concept d'identité-rhizome et de la redéfinition de la frontière pour une France plurielle et indivisible.

I. LE DÉBAT SUR L'IDENTITÉ NATIONALE

L'identité et l'immigration nationale ont toujours été au centre des débats socio-politiques en France. Depuis les deux dernières décennies, ces questions attirent davantage l'attention particulière de la grande majorité des Français car elles sont des facteurs très déterminants des élections récentes, de la suprême station présidentielle aux assemblées locales en passant par le parlement. Dans son livre *Entre Populisme et peopolisme* (2008), Patrick Charadeau affirme que les résultats des élections présidentielles de 2007 ont été déterminés en grande partie par la focalisation propagandiste de Sarkozy sur ces deux questions socio-politiques aux dépens de la candidate socialiste, Ségolène Royal. Sarkozy a su convaincre la plupart des électeurs que « la politique de l'immigration, c'est l'identité de la France dans trente ans ». En fait, l'utilisation instrumentaliste de ces questions par Sarkozy comme « promesses politiques » a été prévisible bien avant sa candidature présidentielle. Ancien ministre de l'Intérieur du gouvernement de Jacques Chirac,[23] Sarkozy s'est présenté comme l'ultime gardien de l'identité française sacrée qui doit demeurer intacte et loin de toute contamination quelconque de « la racaille », terme qu'il avait utilisé lors d'une de ses visites en banlieue après les mémorables émeutes de 2006 ayant exposé la France dans son ensemble.

Une telle promesse a été accomplie juste après son élection à la tête de la nation française avec la concrétisation dudit ministère dirigé par Brice Hortefeux dont la mission principale est d'adresser ces questions spécifiques. Hortefeux a été nommé par Sarkozy pour contrôler les flux migratoires, encourager le développement, favoriser l'intégration et promouvoir l'identité française unique. Lors de ses deux ans à la tête du ministère (2007-2009), Hortefeux a initié une série de lois décisives ayant eu des impacts mémoriaux sur l'immigration dans son ensemble complexe. L'une de ces dernières est la loi

---

[23] Sarkozy a servi deux mandats en tant que Ministre de l'Intérieur. De 2002-2004, il était Ministre de l'Intérieur, de la Sécurité intérieure et des Libertés locales. De 2005-2007, il était Ministre de l'Intérieur et de l'Aménagement du territoire.

du 20 novembre relative au contrôle strict de l'immigration, de l'intégration et de l'asile. En collaboration avec Thierry Mariani, ex-député de l'Union pour un Mouvement Populaire (UMP), Hortefeux instaure le Test d'ADN comme prérequis de la demande de regroupement familial, une loi historique votée le 26 avril 1976 sous l'administration de Valéry Giscard d'Estaing permettant aux travailleurs immigrés en condition stable (travail et logement) de faire venir et installer les membres de leur famille en France. Un record associé à l'administration ministérielle de Hortefeux est aussi la croissance du nombre de rapatriements des « sans-papiers » de 29.796 en 2007.[24]

En novembre 2009, sous la demande de Nicolas Sarkozy, Éric Besson, le remplaçant de Brice Hortefeux, invite la population française entière à participer au grand débat sur l'identité nationale initié sous forme de deux voies principales. Via mémorandum, il demande à tous les élus locaux d'organiser des débats en présentiel dans leurs fiefs et crée un site web (www.debatidentitenationale.fr) pour permettre à tout le monde de participer virtuellement au débat centré sur deux questions fondamentales sur l'identité et l'immigration : « Pour vous, qu'est-ce qu'être français aujourd'hui ? » et « quel est l'apport de l'immigration à l'identité nationale ? ». Le mémorandum du 2 novembre 2009 stipule :

> Ce débat répond aussi aux préoccupations soulevées par la résurgence de certains communautarismes, dont l'affaire de la Burqa est l'une des illustrations. Au moment même où l'Union européenne franchit une nouvelle étape de son intégration, et où la crise économique et financière internationale démontre combien la mondialisation rend l'avenir des Nations interdépendant, ce débat a pour objectif d'associer l'ensemble de nos concitoyens à une réflexion de fond sur ce que signifie, en ce début de 21ème siècle, « être français ».

---

[24] Voir « Le Bilan de Brice Hortefeux » de Laetitia Van Eeckhout dans *Le Monde* du 13 janvier 2009.

Il doit tout d'abord favoriser la construction d'une vision mieux partagée de ce qu'est l'identité nationale aujourd'hui. Il doit aussi faire émerger, à partir des premières propositions mises en débat et des contributions des participants, des actions permettant de conforter notre identité nationale, et de réaffirmer les valeurs républicaines et la fierté d'être français (p. 1).

Ce mémorandum est d'autant plus problématique qu'il accuse les immigrés de perpétuer le communautarisme, conçu comme une menace au caractère sacré de l'identité nationale française.

La burqa, un signe religieux propre à la foi islamique, est cité spécifiquement comme une forme menaçante de communautarisme.[25] Lors de ses campagnes anti-immigration, Sarkozy a toujours incarné le rôle de protecteur et de défenseur de l'inviolabilité de la nation de la France dont les citoyens sont victimes de ce qu'Alain Badiou appelle « un sentiment de peur » dans son entretien avec Frédéric Taddéi :

[L]'avenir de la France est incertain. Nous ne savons pas où va ce pays. Il (Sarkozy) sait qu'il a un grand passé mais il doute qu'il ait un grand avenir. Et ça crée un sentiment de peur, un sentiment de renfermement, une demande de protection et Sarkozy est un des noms de ce phénomène. Le vote pour Sarkozy est une demande de protection.

Une question qui mérite d'être posée est de savoir si le communautarisme tant dénoncé par Sarkozy et l'extrême droite française n'est pas favorisé par la politique de l'aménagement de la ville en France. Par exemple, l'occupation géographique de la capitale, Paris, révèle une planification assez communautariste. Les immigrés sont placés très loin du

---

[25] Voir le chapitre 3, « Société française : Proximité sans réciprocité » dans le livre d'Achille M'bembe intitulé *Sortir de la grande nuit* où il accuse l'administration de Sarkozy d'avoir instrumentalisé politiquement le communautarisme en tant que marque d'infamie caractéristique des immigrés en général et de la communauté musulmane en France en particulier.

centre-ville, dans les ZEPs[26] qui se trouvent aux alentours de la périphérie de la ville. Dans son article, « Continents and Archipelagoes » [Continents et Archipels], Françoise Lionnet affirme qu'il y a eu « a gradual ghettoization of housing projects erected in the peripheries of France's large cities (1504) » [une ghettoïsation progressive des projets de logement érigés dans les périphéries des grandes villes françaises]. Le dix-huitième arrondissement de Paris est un parfait exemple de cette observation avec une grande concentration des immigrés venant du Maghreb et de l'Afrique subsaharienne.

Cette réalité est bien représentée dans le film de Laurent Cantet, *Entre les murs* (2008), une adaptation du livre de François Bégaudeau portant le même titre publié deux ans plus tôt en 2006. Dans cette œuvre, Cantet filme une classe de quatrième d'un collège qui se trouve dans un ZEP au vingtième arrondissement dont la majorité des élèves ont des parents immigrés. Dans une scène particulière, il expose les discussions animées entre ces élèves de milieux modestes sur des sujets centraux de l'immigration, de l'éducation et surtout du sens d'appartenance à la nation française. Presque tous les élèves de descendance immigrée se sentent marginalisés et remettent en cause la « fierté d'être français ». Esméralda, d'origine maghrébine, un des personnages principaux, dit ouvertement et fièrement à son professeur de français, M. Marin, qu'elle ne se sent point française.

Le documentaire, *Afro-Diasporic French Identities* [Identités afro-diasporiques françaises] (2011) de Nathalie Etoké analyse en profondeur ce sens d'appartenance en revisitant la dynamique relationnelle entre la France et ses autres mondes sous forme d'entretiens avec des activistes, des artistes et des écrivains de l'Afrique et de sa Diaspora tels Moise Udino, Léonora Miano, Jean-Philippe Omotunde, Rokhaya Diallo, Alexis Peksine, entre autres. Ces derniers reviennent sur ce grand

---

[26] ZEP : Zones d'Éducation Prioritaire. Ce programme est initié en 1981 par le gouvernement français sous la tutelle du Ministère de l'Éducation pour venir en aide financière et logistique aux écoles qui se trouvent dans les banlieues allégeant leurs besoins sur tous les plans.

débat en fustigeant la volonté de l'administration de Sarkozy de créer une distinction raciale voire raciste entre la France française et la France étrangère, ou la « Sous-France » pour reprendre les véritables appellations utilisées dans le documentaire.

En fait, le mémorandum du débat sur l'identité nationale est accompagné d'un « guide pour la conduite des débats locaux ». La grande question mentionnée tantôt à savoir « Pour vous, qu'est-ce qu'être français aujourd'hui ? » est subdivisée en différentes catégories : éléments (universalisme, langue, patriotisme etc…), symboles (drapeau, hymne national, Marianne etc…) et valeurs (démocratie, laïcité, égalité etc…). Sur la question relative à l'immigration, beaucoup de sous-questions sont posées parmi lesquelles : « Pourquoi accueillir des ressortissants dans notre République, puis dans notre communauté nationale ? » et « Pourquoi intégrer des ressortissants étrangers dans notre République, puis dans notre communauté nationale ? ». Évidemment, l'immigration est d'autant plus la cible complexe du débat que toutes les questions tournent autour d'elle. Dans *Africa and France* (2012), Dominic Thomas note : « Immigration today has come to concern both facets of the term, the control of external factors (migration, border control, security) and the internal dynamic of ethnic and race relations, integration and multiculturalism » (p. 7) [L'immigration est devenue aujourd'hui la préoccupation de deux facettes du mandat, le contrôle des facteurs externes (migration, surveillance des frontières, sécurité) et la dynamique interne des relations ethniques et raciales, l'intégration et le multiculturalisme].

Le débat n'a pas attiré beaucoup de participants ni en ligne ni en présentiel localement. En réalité, il a fourni plus de questions que de réponses et causé un climat de malaise nationalement et internationalement. La caricature du quotidien français, *Libération*, résume bien l'issue du débat non sans ironie et sarcasme :

Illustration 1 : Débat caricaturé par *Libération*

Eric Besson, Nicolas Sarkozy et François Fillon **Libération** 16 novembre 2010

Sur une note plus sérieuse, la page éditoriale du journal de référence, *Le Monde* du 16 décembre 2012, résume la perception générale du débat par la grande majorité de la population en déduisant que : « la discussion a été engagée sur une base dangereuse en associant [...] identité nationale et immigration ». À la place de l'inclusion, le débat a nourri un sens de l'exclusion et de la trahison des principes de la République dont la constitution accentue les valeurs de la diversité et de la communauté pour tous sans exception qui sont enracinées dans l'article premier :

> La France est une république, indivisible, laïque, démocratique et sociale. Elle assure l'égalité devant la loi de tous les citoyens sans distinction d'origine, de race ou de religion. Elle respecte toutes les croyances. Son organisation est décentralisée.

Le débat devient un instrument exclusif de la classe politique française de la droite à la gauche. L'une des réponses les plus virulentes vient de la présidente du Front national, Marine Le Pen qui décrit l'initiative de Besson comme une entreprise insignifiante lors de son allocution sur l'identité nationale du 4 novembre 2009 dans laquelle elle lance un appel « Pour une république VRAIMENT française ». Elle affirme que l'administration de Sarkozy est identique à celle de ses prédécesseurs socialistes qui fait des « Français de souche »[27] des étrangers dans leur propre sol. Elle dénonce l'organisation mécanique du débat par Sarkozy et par Besson en censurant et confisquant les commentaires les plus fidèles et véridiques faits par des citoyens ordinaires. Comme alternative à ce débat tendancieux, elle invite les vrais Français à exprimer leurs sentiments et les opinions dans un forum en ligne plus ouvert (www.identitenationale.net) créé par le Front national pour l'unicité française.

Sur un ton différent de la gauche, Jean-Luc Mélenchon, le dirigeant du Parti de gauche, regrette la « lepénisation » du débat affirmant dans son blog : « Est Français celui qui a une carte nationale française. Point ». Il est l'un des grands rivaux du Front national qui considère qu'il a des positions trop laxistes sur l'immigration. Ses détracteurs le dépeignent comme l'antirépublicain avec son modèle « le degré zéro de la République ». Il rejette toute loi anti-immigration en faveur du rapatriement et plaide pour la facilitation pour la citoyenneté aux immigrés.

Dans le cercle des écrivains et des théoriciens, les réactions sont loin d'être flatteuses. L'une des voix les plus critiques interviewées par les médias est Tzvetan Todorov, l'écrivain franco-bulgare qui a beaucoup travaillé sur les questions d'actualité dans le monde en général et en France en particulier dans ses essais tels *Le Nouveau désordre mondial* (2006), *La Peur des barbares* (2008) et *Les Ennemis intimes de la démocratie* (2012). Dans son entretien avec Laurent Marchand du Blog Ouest France en 2010 sur le multiculturalisme, Todorov regrette le culte du sentiment de dépit et de mépris envers les immigrés avant et après le fameux débat : « Ce qui nous est familier est cher. Nous c'est bien, les étrangers c'est mal. C'est quand même assez primitif comme manière de voir ».

Un autre penseur ayant réagi au débat est Pascal Blanchard, l'historien spécialiste du colonialisme et de l'immigration, qui a fait une évaluation très critique de la poli-

---

[27] Voir l'appellation des souchiens/souchiennes inventée par Houria Bouteldja, la Franco-algérienne, porte-parole du Parti des Indigènes de la République.

tique identitaire en France dans sa contribution, « L'identité, l'historien et le passé colonial », dans le manifeste collectif *Je est un autre : Pour une identité-monde*. Dans cette dernière, il reformule la question principale du débat : « La question n'est pas qu'est-ce qu'être français ? Mais bien la place de la citoyenneté de ceux que l'on désigne comme des "minorités visibles" et qui sont les héritiers de ce passé colonial (les indigènes d'hier) peuvent-ils être des citoyens aujourd'hui » (pp. 125-126) ? La question de Blanchard est similaire à la réponse de Glissant et de Chamoiseau au débat sur la question de l'identité nationale mettant le statut des populations d'immigrés au cœur de leur poétique et politique dans *Quand les murs tombent*, l'essai par excellence consacré entièrement à cette question événementielle.

II. LE DIAGNOSTIC D'ÉDOUARD GLISSANT ET DE PATRICK CHAMOISEAU

Dans l'essai, *Quand les murs tombent*, Glissant et Chamoiseau se focalisent sur la création du Ministère de l'Immigration, de l'Intégration, de l'Identité nationale et du Co-développement et du débat posé par les administrateurs de ce dernier pour faire un diagnostic des échecs du système politique français et de l'Occident en général. Dans son œuvre, Glissant analyse l'Occident non pas comme un lieu référentiel mais comme un projet voire une essence : « L'Occident n'est pas à l'ouest. Ce n'est pas un lieu, c'est un projet » (*Le Discours antillais*, p. 12). Cette alerte assez significative montre qu'il est important de revisiter les représentations de Glissant de ce projet dans ces premières productions littéraires pour comprendre davantage son approche sur l'identité nationale et l'immigration réexpliquée dans l'essai susmentionné.

Dans ses écrits de fiction et de non-fiction, Glissant caractérise ce projet de l'Occident comme un modèle sectaire et abusif qui favorise l'Un ou plutôt l'individu au détriment du tout ou plutôt du groupe, le multiple relationnel. Dans *L'intention poétique* (1969) par exemple, il définit l'Un comme suit : « L'Un est harmonique ; il est plein de lui-même et suffit comme un dieu à nourrir ses rêves » (p. 13). Il expose le projet de l'Un par opposition à celui du relationnel comme une sorte de repli identitaire « souchien » qui nie l'autre, l'immigré.

Deleuze et Guattari font une distinction symbolique évidente entre les deux modèles, notamment l'Un (l'arbre/arborescent) et le Multiple (le rhizome/rhizomique) dans *Mille Plateaux* (1980) : « L'arbre est filiation, mais le rhizome est alliance, uniquement d'alliance. L'arbre impose le verbe "être," mais le rhizome a pour tissu la conjonction 'et… et… et…' Il y a dans cette conjonction assez de force pour déraciner le verbe être » (p. 86). Cette citation qui élabore sur ladite distinction est rendue explicite par l'emploi de l'auxiliaire être et de la conjonction et tout en jouant avec la même prononciation du premier conjugué à la troisième personne du singulier du présent de l'indicatif (est) et du dernier (et).

S'inspirant de Deleuze et de Guattari, Glissant et Chamoiseau ouvrent leur essai par la discussion de la nature problématique du débat sur l'identité nationale. Ils l'introduisent par une dénonciation de l'absurdité et de la nature contraignante de la conception de l'Un exclusif qu'ils dénomment « fixité identitaire » :

> [N]ulle part on ne rencontre de fixité identitaire […] Un peuple ou un individu peuvent être attentifs au mouvement de leur identité, mais ne peuvent en décider par avance, au moyen de préceptes et de postulats. On ne saurait gérer un ministère de l'identité. Sinon la vie de la collectivité deviendrait une mécanique, son avenir aseptisé, rendu infertile par des régies fixes, comme dans une expérience de laboratoire (p. 1).

Dans le document relatif aux lignes directrices du débat sur l'identité nationale évoqué tantôt, il y a un rejet implicite des cultures des immigrés au grand bénéfice de la nation exemplifiée par l'appel persistant de Sarkozy aux dernières « à se fondre dans la culture nationale ». Glissant et Chamoiseau associent cet appel conceptuel de Sarkozy de culture nationale à la culture de la nation exceptionnellement ancrée dans la gloire passée telle qu'affirmée par la presse française tout au long de la période du débat. Dans son édition du 7 octobre 2010, *Le Nouvel Observateur* évoque « Sarkozy et sa vitrine historique de l'identité nationale » et *Le Louvre pour tous* souligne l'un des discours de campagne de Sarkozy à Metz le 17 mai 2012 sur la culture nationale intitulé « La Culture selon Sarkozy » :

> La France ce n'est pas une page blanche. C'est un pays qui s'est forgé au cours des siècles une identité, une personnalité qu'il faut respecter, qu'on ne peut pas effacer, qu'on ne peut pas ignorer, […] qui est faite de mille apports, de commémorations, de leçons d'instituteurs, de réminiscences qui se transmettent de génération en génération, de souvenirs d'enfance, de vieilles histoires de grands-pères qui ont fait la guerre et qui racontent à leur tour à leurs petits-enfants ce que leurs grands-pères leur ont raconté jadis.

Cette citation qui démontre les fondements de la culture selon Sarkozy révèle que l'initiative entière de ce débat sur l'identité nationale n'est qu'un motif utilisé par l'administration pour immortaliser le passé glorieux et pour aliéner les immigrés vus comme une « menace à l'identité nationale » et des « traîtres à la nation » pour paraphraser les étiquettes que leur collent les mouvements populistes en France. Sarkozy fait exprès d'ignorer l'histoire commune que la France partage avec ses anciennes colonies, les lieux d'origine de la plupart des immigrés. Dans son article, « Le Racisme des intellectuels » paru dans *Le Monde* le 6 mai 2012, Alain Badiou peint la France comme une « nation retardataire » qui est nostalgique de son passé, ce qui fait donc qu'elle ne parvient point à faire face aux nouvelles réalités et aux problèmes qui la gangrènent quotidiennement, de la capitale aux autres contrées les plus reculées.

Dans leur déconstruction de la politique identitaire de l'administration Sarkozy, Glissant et Chamoiseau affirment qu'il y a une sorte de perpétuation du modèle colonial dans le traitement de la question de l'immigration. Même s'ils reconnaissent que la motivation fondamentale du colonialisme est d'ordre économique, ils défendent que la question identitaire demeure l'une de ses caractéristiques principales : « Même si toute colonisation est d'abord exploitation économique, aucune ne peut se passer de cette survalorisation identitaire qui justifie l'exploitation » (*Quand les murs tombent*, p. 3). Lors d'une table ronde sur « Richesses et dérives de l'identité », Glissant fait un rappel relatif aux attitudes coloniales passées et aux tactiques vis-à-vis des peuples colonisés : « Toutes les colonisations ont tenté de renforcer, d'abaisser, d'annihiler les identités des peuples qui étaient en proie aux colonisations (*Poétiques d'Édouard Glissant*, p. 323).

Cette perpétuation du modèle colonial envers les ex-colonisés est manifeste dans l'actuelle régulation ou plutôt dérégulation politique imposée par l'adoption et l'adaptation du fameux système du « diviser pour mieux régner » qui segmente voire fragmente la société française en deux principaux clans : les Français de souche et les Français immigrés. En plus de ces clans, la politique de l'immigration de Sarkozy crée de nouveau une subdivision au sein même de la phratrie des Français immigrés avec la promotion de « l'immigration choisie » que Glissant et Chamoiseau appellent « l'immigration à la valeur » par opposition à « l'immigration subie » qui place les immigrés hautement qualifiés au-dessus de la grande majorité du clan. Des groupes sociaux tels le Collectif des sans-papiers et le Groupe d'information et de soutien aux immigrés joignent leurs forces sous la fédération « unis contre l'immigration jetable » pour combattre cette politique de division coloniale qui réduit l'immigration à une simple main-d'œuvre.

Dans son livre, *À quoi sert l'identité nationale* ? (2007), Gérard Noiriel analyse comment et pourquoi cette politique de division a engendré « un vocabulaire de menaces » en France avec l'émergence des termes à connotation violente à savoir délinquance, tolérance zéro, incivilité, racaille, entre autres, illustrés par les émeutes dans les banlieues ayant mené à la déclaration de l'état d'urgence en novembre 2005. Sarkozy lui-même, le Ministre de l'Intérieur en ce temps précis, admet que les émeutes ne sont que le résultat évident de la mauvaise politique d'immigration mise en place par l'administration Chirac :

« Les Français savent que les violences qui ont éclaté dans nos banlieues à l'automne dernier ne sont pas sans rapport avec l'échec de la politique d'immigration et d'intégration ».

Ces divisions marginalisent la majorité des Noirs et des Arabes dans toutes les sphères de pouvoirs et de décisions. La contribution de David Blatt, « Immigrant Politics in a Republican Nation » [Politiques d'immigration dans une nation républicaine], dans *Post-Colonial Cultures en France* (1997) [Cultures postcoloniales en France] précise :

> [I]n the political arena, ethnic minorities have had limited success in establishing a recognized presence. Although immigration is at the very center of political conflict in France, as actors, ethnic minorities remain on the periphery of the political process. (40)

> [D]ans l'arène politique, les minorités ethniques ont eu des succès limités dans l'établissement d'une présence reconnue. Bien que l'immigration soit au centre du conflit politique en France, en tant qu'acteurs, les minorités demeurent à la marge du processus politique.

D'aucuns pourraient affirmer que l'administration Sarkozy a octroyé des postes de portefeuille ministérielle influents à des ambassadrices des immigrés telles Rama Yade, Rachida Dati et Fadela Amara, respectivement de descendance sénégalaise, marocaine/algérienne et algérienne. La première a été nommée Secrétaire d'état chargée des affaires étrangères et des droits de l'homme, la deuxième a été non seulement la porte-parole de la campagne présidentielle de Sarkozy mais aussi Ministre de la Justice et la dernière, Secrétaire d'état chargée de la politique de la ville. Bien qu'il y ait eu des organisations pour la défense de l'immigration qui ont apprécié ces nominations comme un pas majeur vers la diversité et l'inclusion des minorités à l'échelle nationale, la perception générale était plus sceptique, considérant ces ambassadrices comme des marionnettes utilisées par l'administration Sarkozy pour masquer l'évidente rhétorique anti-immigration.

Dans *Les Ennemis intimes de la démocratie*, Todorov déplore l'abus solennel de l'immigration à des fins purement politiques : « Les termes du débat (sur l'immigration et le multiculturalisme) sont choisis, non en fonction des besoins vitaux de la population, mais de façon à pouvoir s'attirer la sympathie de certains électeurs » (p. 209). Sur la même veine, Badiou condamne généralement la vaine approche politique à ce qu'il appelle « le problème immigré » dans l'article dans *Le Monde* précité : « Honte aux gouvernements successifs, qui ont tous rivalisé sur les thèmes conjoints de la sécurité et du "problème immigré," pour que ne soit pas trop visible qu'ils servaient avant tout les intérêts de l'oligarchie économique ».

Pour mieux cerner ces deux remarques de Todorov et de Badiou dans la scène politique française, il est remarquable que le parti de l'extrême droite, en l'occurrence le Front national, adopte une rhétorique instrumentaliste d'anti-immigration pour gagner la sympathie des « Français de souche ». Ceci explique l'ascension fulgurante du parti et de Le Pen lors des échéances électorales aussi bien au niveau national qu'à celui continental. Depuis la percée du Front national en 2002 quand Jean-Marie Le Pen est arrivé deuxième avec 16 % des voix aux élections présidentielles derrière Jacques Chirac qui en a eu 20 % au premier tour, le parti continue de gagner de plus en plus la grande sympathie des Français.

Récemment, il y a eu une montée d'un nationalisme légendaire de l'extrême droite à la droite au niveau européen et dans le monde en général. La plupart des questions inscrites dans les lignes directrices du débat tournent autour de la nation, de son statut et de l'état-nation. La nation française est conceptuellement représentée comme « a fortress and landmass, the borders of which must be protected at all costs (Lionnet, p. 1508) » [une forteresse et une masse continentale dont les frontières doivent être protégées à tout prix]. Il y a certainement une récurrence de la notion de frontière dans la quasi-totalité des discours des hommes et femmes politiques de la gauche à la droite sans oublier les extrêmes qui en font le point focal de leurs programmes localement, nationalement et internationalement. Lors de l'un de ses discours de campagne présidentielle à Toulouse, Sarkozy fait de l'immigration en général et de la frontière en particulier le centre de ses préoccupations : « La frontière est au cœur du problème de l'immigration, au cœur du problème économique, au cœur du problème de la réciprocité, au cœur de la lutte contre les dumpings, au cœur du problème fiscal, au cœur de la lutte contre les trafics » (*Libération politique*, le 29 avril 2012).

Glissant et Chamoiseau rejettent le modèle ferme et fermé adopté par la France et sa centralisation sur la sécurisation des frontières. Dans leur évaluation de la désillusion postcoloniale dans les autres mondes de la France, Glissant et Chamoiseau regrettent la reproduction du modèle de l'état-nation par la nouvelle classe dirigeante assimilée : « Le schème de l'Étatnation s'est ainsi multiplié dans le monde. Il n'en est résulté que des désastres » (*Quand les murs tombent*, p. 3). Parmi ces désastres référentiels, ils énumèrent la volonté de dominer, l'expansion territoriale, les génocides et les guerres civiles.

Dans son étude illustrative du legs colonial et de son modèle d'état-nation, Glissant évoque le fameux projet de la Francophonie et de sa plateforme assimilationniste. Dans *Une Nouvelle région du monde*, il consacre un chapitre entier à cette question, « Francophonie points de suspension, points d'interrogation ». Dans ce dernier, il démontre comment la Francophonie est un projet fermé, recroquevillé sur lui-même, qui ne fait que suivre le modèle de l'Un, garantissant ainsi une plus grande visibilité à la puissance coloniale : « Et les anciennes puissances coloniales partagent ce penchant à rassembler autour d'elles les restes de leur entreprise, surtout sur le plan manœuvrable des cultures, de la langue et des autres moyens d'expression » (p. 169). Cette remarque est concrètement valide car la Francophonie continue de lutter pour maintenir une politique de relations étroites entre la France et ses anciennes colonies partout dans le monde.

Dans sa contribution partagée dans son blog le 5 août 2013, « Crises de l'école sénégalaise : La Rupture linguistique » l'écrivain sénégalais et auteur du roman phare, *A Leap Out of the Dark* (2002) [Un Saut hors des ténèbres], Gorgui Dieng déplore la politique de la « Francophonie à double vitesses ». Élaborant sur les connexions entre la Francophonie et l'immigration,

Dieng note un paradoxe évident : « Parlez français et adoptez la culture mais ne mettez pas les pieds en France ».

La France et l'Occident en général sont les véritables responsables de la récurrence des flux migratoires de nos jours car ils ont maintenu le système colonial d'inégalité et d'iniquité entre les anciens colonisateurs et les anciens colonisés, ce qui crée un besoin accru des populations défavorisées de quitter leurs pays à tout prix. Dans son documentaire, *Barcelona or Barsakh*,[28] Levine Hank représente pratiquement comment les derniers sont prêts à risquer leur vie pour rejoindre l'Eldorado européen. Sur un ton tranchant, Glissant et Chamoiseau exposent les vraies causes de l'immigration dans *Quand les murs tombent* : « C'est vrai que, dans ce "monde-marché," ce "marché-monde," les dépressions entre pénurie et abondance suscitent des flots migratoires intenses, comme des cyclones qu'aucune frontière ne saurait endiguer » (pp. 6-7).

Dans ce débat sur l'identité nationale et l'immigration, l'administration de Sarkozy ignore les causes précitées et politise non sans instrumentaliser la question de l'immigration. Dans son livre mentionné tantôt, Todorov fait un historique assez élaboré de l'immigration en Occident pour démontrer comment et pourquoi la classe dirigeante en fait une question centrale :

> La transformation du paysage politique s'est accélérée depuis la fin de la guerre froide, comme si la vie publique d'un pays avait besoin d'un adversaire repoussoir, et qu'après la disparition du rival communiste, la population devait fixer ses peurs, ses inquiétudes ou ses rejets sur un autre groupe quelconque. Ce sont les étrangers, surtout s'ils sont musulmans, ce qui entraînera des poussées de xénophobie et d'islamophobie (p. 183).

---

[28] *Barsakh* est un mot arabe adopté en Wolof qui veut dire la vie après la tombe ou plutôt le lieu transitionnel entre la vie d'ici-bas et l'au-delà. En fait les candidats à l'immigration utilisent généralement l'expression ou plutôt le slogan *Barça wala Barsakh* (un jeu de mots) équivalant à *Barça ou Barsakh* (Barça ou la mort).

Glissant et Chamoiseau reprennent les termes utilisés par Todorov pour dénoncer ledit ministère dès le début de l'essai en l'appelant « le mur de l'identité » tout en fustigeant l'implémentation d'une « politique raciste, xénophobe, populiste jusqu'à consternation » (*Quand les murs tombent*, p. 1).

De plus, Glissant et Chamoiseau décortiquent les termes ou plutôt les différentes composantes du titre du ministère pour montrer comment l'administration française dans son ensemble trahit deux fondements inséparables de son histoire à savoir le colonialisme et l'exaltation de la liberté stipulés dans le premier article de sa constitution déjà évoqué dans la première partie de ce chapitre montrant la connexion paradoxale entre le mémorandum officiel et la constitution : « Ainsi, en plein XXIᵉ siècle, une grande démocratie, une vieille République, terre dite des droits de l'homme, rassemble dans l'intitulé d'un ministère appelé en premier lieu à la répression : les termes immigration, intégration, identité nationale, co-développement » (p. 5). La promotion de ce ministère et de son débat sur l'immigration et l'identité nationale a créé plus de problèmes que de solutions à tous les niveaux. Dans les dernières pages de l'essai, *Quand les murs tombent*, Glissant et Chamoiseau précisent que l'évaluation ou plutôt le traitement de cette question brûlante de l'immigration nécessite une conscientisation active et effective et une participation collective de tous les partis. Ils lancent un appel fort à tout le monde à tous les niveaux :

> Nous demandons que toutes les forces humaines d'Afrique, d'Asie, des Amériques, que tous les peuples sans États, tous les "républicains," tous les tenants des "droits de l'homme," les habitants des plus petits pays, les insulaires, et les errants des archipels autant que les traceurs de continents [...] élèvent par toutes les formes possibles, une protestation contre ce mur ministère (pp. 25-26).

Glissant et Chamoiseau ne se limitent point à une simple énumération de tous les problèmes liés à ces sujets perpétués par Nicolas Sarkozy et ses différents ministres de tutelle. Ils proposent des pistes comme alternatives transformant la France d'un état-nation à une nation-relation.

III. LES ALTERNATIVES D'ÉDOUARD GLISSANT ET DE CHAMOISEAU

Dans *Quand les murs tombent*, le principal défi que Glissant et Chamoiseau lancent à la France et sa classe dirigeante en général et Sarkozy en particulier est la transformation de la république d'un état-nation à une nation-relation. Ce pas transformationnel est d'autant plus crucial que le monde est inéluctablement devenu ce qu'il appelle en créole un « *kay tout moun* », un monde en totalité perçu comme « la maison de tous, [qui] appartient à tous et [dont] l'équilibre passe par l'équilibre de tous » (p. 7). Suivant le modèle archipélique tel que développé dans le deuxième chapitre, « L'exceptionnalité archipélique », la nation-relation est aussi inclusive et hétérogène, une sorte d'« entity that connects disparate islands » (Lionnet, p. 1508) [entité qui connecte des îles disparates].

Pour mieux comprendre la théorisation de la nation-relation de Glissant et de Chamoiseau, il est important d'analyser les bases fondamentales de la notion de la Relation elle-même dans l'œuvre de Glissant. Autrement dit, il est important de situer cette notion de la Relation dans la grande pensée de Glissant, le paradigme littéraire de l'Antillanité, sa base poétique et politique affirmée dans *Le Discours antillais* et dans *Poétique de la Relation*. Tel qu'analysé dans le premier chapitre, « La Redéfinition de l'expérience des Noirs », l'Antillanité est une représentation d'une nouvelle identité enracinée dans l'archipel antillais dont les caractéristiques sont l'impermanence, l'instabilité et l'hybridité. Elle ravive les histoires de l'archipel et valorise un syncrétisme de langues, de cultures, de traditions et d'héritages. C'est une idéologie poétique et politique qui est le modèle le plus adaptable et le plus représentatif car elle garantit une visibilité légendaire à toutes les différentes composantes des populations antillaises, notamment les Békés, les Créoles, les Indiens et les Noirs, entre autres.

La nation-relation de Glissant et de Chamoiseau n'est donc qu'une particule notoire du monde dans sa totalité, une sorte de lieu incontournable qui transcende la notion classique d'état-nation et dans lequel les habitants se projettent imaginativement à l'échelle globale : « Nous n'appartenons pas en exclusivité à des "patries," à des "nations" et pas du tout à des "territoires" mais désormais à des "lieux"… [qui sont] incontournables, qui entrent en relation avec tous les lieux du monde » (*Quand les murs tombent*, p. 16-17). Glissant et Chamoiseau affirment que ce lieu relationnel est régi par l'engagement de chaque habitant à se libérer des « marqueurs archaïques » de division tels la race, la langue, la religion et la nationalité. Ils postulent l'Afrique du Sud post-apartheid sous le leadership de Nelson Mandela comme le véritable exemple de cette nation-relation :

> Il nous semble que seule l'Afrique du Sud libérée de l'Apartheid a exprimé la nécessité d'une organisation volontairement métisse, d'un idéal de l'échange, qui ne serait pourtant pas régi par des décrets ou des arrêtés ministériels, où les Noirs, les Zoulous, les Blancs, les Métis, les Indiens pourraient vivre ensemble, sans domination ni conflits : la vocation d'une identité-relation, qui irait plus loin que la simple juxtaposition d'ethnies ou de cultures qu'on appelle maintenant multiculturalisme (pp. 3-4).

En mentionnant l'Afrique du Sud et son histoire polémique, Glissant et Chamoiseau pointent implicitement à une dimension ignorée intentionnellement dans le débat sur l'immigration et l'identité nationale en France. Contrairement à l'Afrique du Sud, la France n'a ni reconsidéré ni redéfini l'histoire de l'esclavage et du colonialisme dans l'élaboration et la reconnaissance de son histoire générale. Dans leurs propositions alternatives, Glissant et Chamoiseau demandent à la France d'adopter une approche holistique dans l'évaluation de son histoire en mettant en exergue les aspects positifs et ceux négatifs, les lumières et les ténèbres à la fois. Ils affirment spécifiquement que le système éducatif en matière de curriculum en histoire et en géographie doit être révisé en incorporant particulièrement la partie des ténèbres exercée dans les territoires de ses nouveaux « envahisseurs », les immigrés francophones.

L'émergence d'une nouvelle nation-relation dépend du développement d'une conception bâtie sur une identité-relation ou identité-rhizome qui est en parfaite désharmonie avec l'identité racine unique, l'étiquette de l'état-nation. Dans *L'intraitable beauté du monde*, Glissant et Chamoiseau distinguent ces deux formes identitaires comme suit : « L'identité-relation remplit l'espace et la pensée de l'archipel, elle ne tue pas autour d'elle comme fait l'identité à racine unique, elle trame ses racines solidaires qui vont à la rencontre de l'autre et se renforcent mutuellement » (p. 55). L'identité-relation est la meilleure forme adaptable et adoptable qui est en phase avec la situation présente en France composée de communautés diverses venant de partout dans le monde. En outre, elle permet d'ouvrir des horizons pour la mise en pratique des idéaux théoriques enracinés dans le modèle républicain français inscrit dans la devise : « Liberté, Égalité et Fraternité » se détachant ainsi de toute forme de communautarisme.

Dans son œuvre en général et dans les poétiques initiales en particulier, Glissant utilise théoriquement la notion de la Relation et de l'identité-relation comme motif poétique et politique pour déconstruire la conceptualisation classique du monde en matière dualiste et antagoniste. Il se démarque des catégorisations polarisantes telles Blanc/Noir, colonisateur/colonisé, moi/autre, entre autres. Dans *Introduction à une poétique du Divers*, Glissant définit clairement son projet :

> [L]es humanités d'aujourd'hui abandonnent difficilement quelque chose à quoi elles s'obstinent depuis longtemps, à savoir que l'identité d'un être n'est valable que si elle est exclusive de tous les autres êtres possibles. Et c'est cette mutation douloureuse de la pensée humaine que je voudrais dépister avec vous (pp. 15-16).

La transformation de cette orientation exclusive en une inclusive par Glissant confère une place de choix à l'autre. En d'autres termes, il établit un dialogue interrelationnel entre le moi et l'autre dans lequel les deux se voient l'un dans l'autre.

Glissant crée un véritable système démocratique dans le sens M'bembien du terme dans son essai, *Sortir de la grande nuit*, qui est « la possibilité d'identification à l'autre ».

Cette alternative est une proposition assez viable qui facilite un environnement accueillant où chaque citoyen parvient à penser l'autre, à se penser avec l'autre, à penser l'autre en soi » (*Quand les murs tombent*, p. 7). L'autre devient donc celui que Dash appelle le « necessary partner of the self » (*Edouard Glissant*, p. 179) [partenaire nécessaire du moi]. Ce partenariat interrelationnel est dialectiquement bien mis en exergue par Chamoiseau dans *Écrire en pays dominé* (1997) :

> L'Autre me change et je le change. Son contact m'anime et je l'anime. Et ces déboîtements nous offrent des angles de survie, et nous descellent et nous amplifient. Chaque Autre devient une composante de moi tout en restant distinct. Je deviens ce que je suis dans mon appui ouvert sur l'Autre. Et cette relation à l'Autre m'ouvre en cascades d'infinies relations à tous les Autres, une multiplication qui fonde l'unité et la force de chaque individu (p. 202).

L'identité-relation que proposent Glissant et Chamoiseau comme alternative au dilemme français rappelle que l'immigration n'est pas seulement synonyme de labeur productif. Elle est plutôt un phénomène socio-culturel qui enrichit la nation-relation dans tous les aspects de la vie.

De plus, l'autre aspect caractéristique important de l'identité-relation est sa nature dynamique et enrichissante véhiculée par son pouvoir de négociations dans l'échange et le changement. Dans *Quand les murs tombent*, Glissant et Chamoiseau rassurent les peuples et les nations que « [c]hanger en échangeant revient à s'enrichir au haut sens du terme et non à se perdre. Il en est ainsi pour un individu comme pour une nation » (p. 19). L'identité-relation est loin d'être statique parce que le moi défini non pas comme un être humain mais plutôt comme un *étant* humain est en flux constant dans le temps et dans l'espace. Ce concept de l'*étant*[29] est l'une des marques déterminantes du paradigme de l'Antillanité. Dans *Introduction à une poétique du Divers*, Glissant rejette la Négritude et sa visualisation du monde sous les yeux de l'Occident et sa promotion de l'*être* aux dépens de l'*étant* :

> Ce que je reprochais à la négritude, c'était de définir l'être : l'être nègre... Je crois qu'il n'y a plus d'"être." L'être, c'est une grande, noble et incommensurable invention de l'Occident, et en particulier de la philosophie grecque [...] Je crois qu'il faut dire qu'il n'y a plus que l'étant, c'est-à-dire des existences particulières qui correspondent, qui entrent en conflit, et qu'il faut abandonner la prétention à la définition de l'être (p. 125).

Cette définition de l'*étant* en flux constant est reprise dans le manifeste *Je est un autre* dans les différentes contributions sur la notion de l'identité-monde parmi lesquelles celle d'Ananda Devi intitulée « Flou identitaire ». Dans ce chapitre, Devi définit l'identité comme une sorte d'asymptote dont la quête est imprédictible et progressivement incontrôlée et incontrôlable parce qu'elle se développe dans le temps et dans l'espace d'action voire d'inaction :

> L'identité est comme un ensemble de vêtements que nous portons au cours de notre vie. Vous souhaitez, vous, nous faire porter un uniforme. Vous savez pourtant combien les uniformes sont dangereux ! Je veux pouvoir changer de vêtement et même de peau, ne jamais être la même parce que je m'ennuierais, et ne pas me retrancher derrière des barbelés symboliques qui me sépareraient des autres. Je refuse les murs réels ou métaphoriques (p. 184)

---

[29] Voir le rejet du verbe ou plutôt de l'auxiliaire être par Chamoiseau dans *Écrire en pays dominé* : « Quand on a élu en soi l'idée de créolisation, on ne commence pas à *être*, on se met soudain à *exister*, à exister à la manière d'un vent qui souffle, et qui mêle terre, mer, ciel senteur, et toutes les qualités... » (p. 204).

Devi et Glissant sont contre toute forme d'intégration envisagée par Sarkozy et son administration et leur appel « à se fondre dans la communauté nationale ». Cette communauté nationale, globale ou universelle n'est pas favorable aux différentes cultures mineures ou minorisées car elle n'est que « the self representation of the dominant particular » (Stuart Hall, p.67) [l'autoreprésentation du l'élément dominant].

Dans leur rejet de l'invitation de Sarkozy et de son intégration, Glissant et Chamoiseau définissent cette forme classique comme : « une verticale orgueilleuse qui réclame hautaiment la désintégration de ce qui vient vers nous, et donc l'appauvrissement de soi » (*Quand les murs tombent*, p. 23). Cette intégration aliène les immigrés, une forme phénoménale que Todorov appelle lors de son entretien avec Laurent Marchand « déculturation » qu'il définit comme : « la disparition ou la non-construction d'une sorte de structure de personnalité de base à partir de laquelle on acquiert les éléments d'une culture ». À la place de cette dernière, Glissant propose une politique de la Relation d'intégration dans *Une Nouvelle région du monde* qui garantit une visibilité et cultive un esprit de solidarité au sein de la communauté diverse en apparence et en appartenance : « L'intégration des immigrés ne pourrait se faire en harmonie qu'à partir d'une politique de la Relation » (p.175).

La politique de la Relation de Glissant est un modèle ouvert qui est libre de toute barrière ou marqueur archaïque. Dans *Philosophie de la Relation*, Glissant étend cette politique à la grande question de la frontière intrinsèquement liée à l'identité comme le démontre le grand débat sur l'immigration et l'identité nationale. Il affirme que le modèle de frontière adopté par l'administration de Sarkozy est d'autant plus problématique qu'elle reproduit celui clivant du colonialisme qu'il qualifie d'injuste : « Les frontières les plus injustes furent tracées par les envahisseurs et coupent à travers les maisons et les jardins, rejetant les parentés d'un impossible » (p. 59). Glissant propose une nouvelle politique de la frontière qui interconnecte les nations et les peuples en les aidant à apprécier aussi bien leurs points communs que leurs différences dans un esprit qui accepte que « [p]asser la frontière, ce serait relier librement une vivacité du réel à une autre » (*Philosophie de la Relation*, p. 57).

Cette nouvelle conceptualisation de la frontière est développée davantage dans l'évaluation du projet de la Francophonie par Glissant. Considérant que la politique de la Francophonie est de nature exclusive, une des frontières à surmonter, Glissant collabore avec d'autres écrivains et théoriciens de la francosphère, la France y comprise, pour proposer une approche inclusive basée sur son concept du Tout-monde. Sous la codirection de Michel Le Bris et Jean Rouaud, Glissant et ses collaborateurs tels Amin Maalouf, Nancy Houston, Maryse Condé, Jean-Marie Le Clézio, Azouz Begag, Abdourahman Waberi, Leïla Sebbar ont publié deux manifestes importants mentionnés plus tôt à savoir *Pour une littérature-monde* et *Je est un autre* qui remettent en question la Francophonie elle-même. Dans son entretien avec Philippe Artières, « Solitaire et solidaire », Glissant déconstruit les frontières de la Francophonie et plaide pour un monde ouvert. Cette vision est présentée dans son essai, *Traité du Tout-monde*, publié quelques années avant les manifestes en question :

> Parlons à la France, non pas pour la combattre, ni pour en être les servants, ni pour en être les appointés, mais pour lui dire d'une seule voix que nous allons entreprendre autre chose. Expliquons-lui aussi que la norme de sa langue serait bientôt caduque… si la langue ne courait pas les hasards du monde. Et que nous l'avons transmuée, cette langue, la prenant avec nous (p. 228).

Cette représentation de la Francophonie en général et de la langue française en particulier est en corrélation avec sa politique de la langue qu'il théorise en tant que « langue échomonde », une importante marque de son concept du Toutmonde qui sera analysé dans le dernier chapitre, « Vers des totalités imaginaires ».

En conclusion, la réponse générale de Glissant et de Chamoiseau inscrite dans leur essai proactif a bien mis en exergue et rappelé ce grand débat sur l'immigration et l'identité nationale mené par Sarkozy et son administration. Même si ce dernier se concentre principalement sur la France, il offre une évaluation compréhensive de la manière dont les anciens empires maintiennent actuellement leur mainmise sur leurs anciennes colonies. Les propositions de Glissant et de Chamoiseau montrent nettement que la transformation des états-nation en nations-relation est impérative dans ce monde créolisé à tous les niveaux. Le Tout-monde de Glissant est une alternative viable pour que l'Occident et le Reste du monde travaillent en vraie synergie pour redresser la situation présente dans laquelle chaque *étant* humain a besoin de son prochain pour vivre localement, nationalement et internationalement.

Chapitre IV :

Vers des totalités imaginaires

Glissant est celui qui nous aide à penser le 21ème siècle grâce aux concepts de "créolisation" et celui du "Tout-monde." De la Martinique, il a vu arriver le monde, mieux que l'on fait les intellectuels des dits grands pays, engoncés dans leur passé glorieux…

François Durpaire. Hommage à Glissant dans
Respect Mag.

Dans l'analyse de la poétique et de la politique de Glissant dans les deux premiers chapitres à savoir « La Redéfinition de l'expérience des Noirs » et « L'exceptionnalité archipélique », l'accent est mis sur l'Antillanité en tant que paradigme situé entre la Négritude et la Créolité. Autrement dit, elle est perçue comme une sorte de « bridge that leads from Negritude to Créolité » (Lewis, p. 72) [un pont qui mène de la Négritude à la Créolité]. Cette position révolutionnaire est symboliquement enracinée dans la promotion du « tout », un pronom indéfini que Glissant utilise pour établir un dialogue entre le pronom personnel singulier essentialiste du « je » de la Négritude et le pronom personnel pluriel anti-essentialiste du « nous » de la Créolité.

Dans son entretien avec Georgia Makhlouf, « De la nécessité du poétique en temps de crise », Glissant justifie la pertinence de son « tout » en affirmant que le rôle de tout écrivain contemporain est d'adopter une interprétation holistique : « J'ai toujours pensé que l'écriture était vaine si elle ne savait pas s'ancrer *dans* le monde ». Glissant implémente cet enracinement dans le monde dans son écriture différée qu'il définit comme une attitude de « dire sans dire tout en disant » pour exposer les nouvelles réalités complexes de l'archipel antillais et par extension du monde dans sa totalité. Dans *Philosophie de la Relation*, Glissant trace une nouvelle configuration du monde :

> [N]ous ne voyons plus le monde en matière grossière et projective : et par exemple, comme hier, cinq continents, quatre races, plusieurs grandes civilisations, plusieurs périples de découvertes et de conquêtes, des avenants réguliers à la connaissance, un devenir à peu près devinable (p. 27).

Cette nouvelle configuration du monde est en fait coptée dans les derniers manifestes politiques populaires de Glissant et de ses collaborateurs antillais analysés au début de cette étude, notamment *Manifeste pour les produits de haute nécessité* et *Traité pour le Grand Dérangement*. Ses compatriotes antillais ont réadapté sa vision extériorisée[30] dans leur interprétation spécifique de la grève générale aux Antilles francophones en 2009. Dans *Traité pour le Grand Dérangement*, ils définissent leur approche compréhensive en ces termes :

> Nous avons fréquenté avec profit l'idée du métissage, les imprévisibles mélanges de la Créolisation, la poétique de la Relation d'Édouard Glissant. Nous nous sommes inscrits dans une complexité qui ouvre la conscience aux diversités de l'existant, qui les relie, les rallie, et qui nous initie par là-même aux fluidités insondables du Tout-monde (p. 15).

Le Tout-monde qui est au cœur de la première partie de ce chapitre est une vision alternative développée par Glissant pour pousser son audience à engager et s'engager avec les mondes du Monde. Dans son article, « Langues et langages »,

---

[30] Voir l'article de Philippe Chanson « Identité et Altérité chez Édouard Glissant et Patrick Chamoiseau : Scripteurs de la Parole Créole » dans lequel il contraste la "vision extériorisée" de Glissant et la "vision intérieure" des Créolistes dans leur définition de la Créolité en tant que "vecteur esthétique majeur de la connaissance de nous-mêmes" (*Éloge de la Créolité*, p. 25).

Celia Britton note : « [L]e concept de "Tout-Monde" constitue un tournant majeur dans la pensée de Glissant introduisant une vision plus optimiste du monde » (p. 235). C'est avec ce concept que Glissant crée et perçoit le monde sous un regard novateur voire rénovateur dans « une époque, mêlant tous les temps et toutes les durées, une époque aussi qui est un inépuisable pays, accumulant les étendues, qui se cherchent d'autres limites, en nombre incalculable mais toujours fini, ainsi qu'on a dit des atomes » (*Une Nouvelle région du monde*, p. 24).

Dans ce chapitre, « Vers des totalités imaginaires », l'analyse rassemble les espaces distincts et indistincts de l'Afrique, des Antilles et de la France évoqués un à un dans les chapitres précédents. Dans la première partie, l'accent est mis sur le Tout-monde de Glissant en tant que monde imaginaire de communion entre ses différents « *étants* » de l'Occident au Reste du monde dans leurs aires et ères coloniales et postcoloniales et au-delà. Ce faisant, le concept du monde lui-même, le pouvoir de l'imaginaire et la poétique et politique de la langue relationnelle par le biais de la théorie de la langue écho-monde sont les principaux axes. La seconde partie se focalise sur la vision sociale de Glissant véhiculée par son éloge du divers et des différences et par sa notion politique de la mondialité, une alternative opposée au modèle dominant et dominateur de la mondialisation qui permet à tous les *étants* de respirer « l'oxygène du monde » comme l'exprime artistiquement Chamoiseau dans son entretien avec Abdellatif Chaouite, « Les Guerriers de l'imaginaire » (2008).

I. LE TOUT-MONDE

Avant la théorisation de son concept du Tout-monde dans ses écrits des années 1990, particulièrement *Tout-monde* (1995) et *Traité du Tout-monde* (1997), Glissant a toujours mis le monde au centre de ses intérêts poétiques et politiques. Dès 1953, il a soutenu une thèse en études ethnologiques à l'Université de la Sorbonne sous la direction de Jean Wahl, « Découverte et conception du monde dans la poésie contemporaine ». Cette spécialisation a été poursuivie dans ses écrits aussi bien initiaux que récents, ce qui fait de lui un expert en poétique et politique spatiale de grande renommée, un invité de marque qui a eu l'occasion de se prononcer sur ce sujet partout dans le monde. Lors du festival d'Avignon du 13 juillet 2009, Glissant, le conférencier principal, a ouvert son allocution, « Crise coloniale, crise mondiale », par une présentation panoramique de la conception du monde selon deux trajectoires fondamentales de l'Histoire de l'humanité :

> Alors, le monde, c'est quoi ? Le monde, c'est une vision, une intuition de ce qui s'est passé dans les histoires des humanités, et qu'est-ce qu'il s'est passé ? Il s'est passé deux choses : il s'est passé que les communautés se sont constituées les unes contre les autres ou avec les autres, d'où les guerres nationales, continentales, etc., et en même temps, avec un sentiment de rapprochement, ce qui a déterminé l'apparition de notions plus ou moins vagues sur lesquelles on ne peut pas mettre un contenu réel, comme par exemple, en Occident, la notion d'universel.

Dans son œuvre, Glissant choisit la seconde trajectoire de l'histoire ou plutôt des histoires de l'humanité qui rassemble les différents peuples. Il la définit comme l'histoire du chaos qui est « le choc, l'intrication, les répulsions, les attirances, les connivences entre les cultures des peuples dans la totalité-monde contemporaine » (*Introduction à une poétique du Divers*, p. 82).

Le Tout-monde de Glissant tire ses origines dans les conquêtes et les découvertes chaotiques du monde par l'Occident. Ainsi, l'esclavage et le colonialisme, « les crimes fondateurs » pour reprendre les termes de Chamoiseau lors de la table-ronde, « De l'esclavage au Tout-monde » sont à la base du Tout-monde. Glissant le précise clairement quand il annonce à Tony Delsham lors de son entretien avec ce dernier : « [L]a rencontre, souvent violente, des peuples et des cultures est aujourd'hui condition d'une nouvelle manière d'être dans le monde, d'une identité enracinée dans un territoire mais riche de tous les terroirs mis en relation ». Le Tout-monde de Glissant est basé sur ce qu'Edgar Morin appelle les « inter-retroactions », c'est-à-dire les expériences partagées entre les « anciens découvreurs et anciens découverts, anciens colonisateurs et anciens colonisés ».

De manière comparative, le Tout-monde de Glissant recoupe le tiers-espace de Homi Bhabha, un espace « entre-deux » qui met en relation les mondes apparemment opposés des découvreurs/colonisateurs et des découverts/colonisés :

> It is significant that the productive aspects of this Third Space have a colonial or a postcolonial provenance. For a willingness to descend into that alien territory… may open the way to conceptualizing an *inter*national culture, based not on the exoticism of multiculturalism or the *diversity* of the cultures, but on the inscription and articulation of culture's *hybridity* (*The Location of Culture*, p. 56).

> Il est important que les aspects productifs de ce Tiers-Espace aient une provenance coloniale. Car une volonté de descendre dans ce territoire étrange… peut ouvrir la voie de conceptualisation d'une culture *inter*nationale basée non pas sur l'exotisme du multiculturalisme ou de la *diversité* des cultures mais sur l'inscription et l'articulation de *l'hybridité* d'une culture (*Les Lieux de la culture*).

Le Tout-monde de Glissant et le tiers-espace de Bhabha sont tous les deux des mondes d'interrelation où chaque espace ou partie se voit l'un ou l'une dans l'autre. Dans *Quand les murs tombent*, Glissant résume bien cette interrelation entre les mondes du colonisateur et du colonisé en général et entre la France et la Martinique en particulier quand il déduit que « l'Occident est en nous et nous sommes en lui » (p. 13).

En plus de cette conceptualisation du monde comme espace historiquement chaotique, il y a l'autre dimension caractéristique du monde qui est celle de l'imaginaire. Dans son articulation de la puissance de l'imaginaire, Glissant et ses collaborateurs encouragent urgemment les « *étants* » à se projeter imaginairement en protagonistes actifs du rendez-vous du « donner-recevoir-rendre »[31] (*Traité pour le Grand Dérangement*, p. 7). Cette considération est comprise dans la description théorique de la triple intuition politique mentionnée dans la même allocution de Glissant à Avignon. Il résume sa poétique non pas en termes d'art mais en tant qu'intuition du monde qui dépasse « … la diction, l'écriture, la récitation de poèmes ou de poésie, etc. La poétique c'est l'intuition et la divination de notre rapport à nous-mêmes, à l'autre et au monde ». Cette stratégie intuitive est réexpliquée dans *Quand les murs tombent* quand Glissant et Chamoiseau lancent un appel à tout *étant* à « se penser, penser avec le monde et se penser avec le monde (p. 15).

Ces appels font résonner la puissance de l'imaginaire dans l'articulation de la poétique du Tout-monde de Glissant. En d'autres termes, l'imaginaire est en quelque sorte le baromètre comportemental qui doit être adopté et adapté dans le monde qui devient de plus en plus créolisé. Dans *Introduction à une poétique du Divers*, Glissant place l'imaginaire au début et à la fin de son Tout-monde :

> Tant qu'on n'aura pas accepté l'idée, pas seulement en son concept mais *par l'imaginaire* des humanités, que la totalité-monde est un rhizome dans lequel tous ont besoin de tous, il est évident qu'il y aura des cultures qui seront menacées. Ce que je dis c'est que ce n'est ni par la force, ni par le concept qu'on protègera ces cultures, mais *par l'imaginaire* de la totalité-monde, c'est-à-dire par la nécessité vécue de ce fait : que toutes les cultures ont besoin de toutes les cultures (p. 33).

Glissant dissèque en pratique le concept de l'imaginaire dans un des essais, *Philosophie de la Relation*, en l'associant à la pensée du tremblement qui est une projection « accordée aux vibrations et aux séismes de ce monde, aux modes cataclysmiques de rapports entre les sensibilités et les intuitions, et qui

---

[31] Glissant et ses collaborateurs développent cette maxime relationnelle du donner-recevoir-rendre dans leur principe du gratuit solidaire, une alternative au dogme capitaliste du donnant-donnant. Ce principe est ainsi à la base de la notion centrale de l'économie relationnelle.

peut-être nous met à même de connaître l'inextricable sans en être embarrassés » (54). Cette pensée du tremblement est une façon logique permettant au moi de compatir avec l'autre dans les moments de défis en transportant imaginairement les expériences de l'autre dans son propre monde. Par exemple, quand une catastrophe naturelle a lieu dans un lieu quelconque et est transmise en direct à la télévision et dans les autres réseaux médiatiques, les spectateurs à travers le monde sympathisent immédiatement parce qu'ils s'imaginent consciemment ou inconsciemment à la place des victimes. Tout *étant* « pense immédiatement au tremblement de terre qui surviendra dans [s]on pays » (*Introduction à une poétique du Divers*, p. 27).

Dans le domaine de la communication, le développement théorique de la langue en général et du concept de la « langue écho-monde » en particulier est une dimension exemplaire qui explique bien le pouvoir de l'imaginaire dans le Tout-monde de Glissant. Par le truchement de cet outil stratégique, Glissant « has attained a perspective from which it is possible to see the postcolonial situation as a part of a larger puzzle and understood that the resolution of the postcolonial problems requires a sense of how the totality can be repaired » (Prieto, p. 114) [a atteint une perspective à partir de laquelle il est possible de voir la situation postcoloniale comme partie prenante d'un puzzle plus large, comprenant ainsi que la résolution des problèmes postcoloniaux requiert un sens de comment la totalité peut être réparée]. Pour avoir un aperçu plus vaste, il est important d'analyser comment la perspective linguistique de Glissant est à cheval entre les deux positions classiques dans la postcolonie et dans la Diaspora noire sous l'égide de Chinua Achebe et Ngugi Wa Thiong'o.

Au début de l'émergence des études postcoloniales après l'indépendance de la grande majorité des anciennes colonies francophones et anglophones dans les années 1960, la poétique et politique de la langue renaît au cœur des débats dans les milieux intellectuels en Afrique. Au sortir de la conférence historique de Makerere en Ouganda sur « The Language of African Literature » [La Langue de la littérature africaine] en 1962, il y a eu essentiellement deux principales positions :

l'alignement et le non-alignement à la langue du colonisateur. Autrement dit, il y a eu un groupe qui est pour le maintien de la langue du colonisateur et un autre contre cette dernière en prônant l'adoption et la renaissance de la multitude de langues locales sur les plans communicationnel et culturel.

Les adeptes de l'adoption et de l'adaptation de la langue du colonisateur affirment qu'elle peut être utilisée comme outil unificateur des différents empires linguistiques anglophone, francophone et lusophone en Afrique, en Asie et aux Amériques. Les élites littéraires et politiques dans ces zones recourent à la « criminal language » (Kincaid, p. 32) [langue du criminel] pour initier des alliances tricontinentales lors de la période de décolonisation. Même si tous les protagonistes sans exception s'accordent sur l'impact négatif du colonialisme, certains admettent le léger avantage linguistique. Achebe qui est à la tête de ce groupe note: « Let us give the devil its due : colonialism in Africa disrupted many things, but it did create big political units where there were small scattered ones before... It gave [people] a language with which to talk to another » (*The Language of African Literature*, p. 430) [Rendons à César ce qui appartient à César : En Afrique, le colonialisme a bouleversé beaucoup de choses mais il a vraiment créé des grandes unités politiques où il y avait de petites unités éparpillées... Il a donné une langue avec laquelle il est possible d'échanger les uns aux autres]. Dans le contexte de son propre Nigéria, Achebe rappelle que la langue du colonisateur, l'anglais, a facilité l'émergence d'une littérature nationale à la place des littératures ethniques en langues locales telles le haoussa, le yoruba et l'igbo.

Cependant, l'adoption de la langue du colonisateur est loin d'être une reproduction mimétique. Ces adeptes de la langue du colonisateur encouragent à l'unisson son adaptation aux réalités locales du monde colonisé. Achebe affirme que l'artiste postcolonial doit impérativement créer une nouvelle version de la langue du colonisateur qui est « still in full communion with its ancestral home but altered to suit its new surroundings » (p. 434) [toujours en communion entière avec sa maison ancestrale mais altérée pour s'adapter à son nouvel environnement]. Dans son roman canonique, *Things Fall Apart* (1958) [*Le Monde s'effondre*] par exemple, il inaugure une version africanisée de l'anglais qui manie syncrétiquement les formes orale et écrite. Il introduit non seulement des mots en igbo mais aussi ranime le genre oral par le biais du conte et des proverbes, les véritables caractéristiques de l'art conversationnel igbo. Il représente des discussions classiques sous l'arbre à palabres des vieux notables et gardiens du temple sociétal de l'Umofia qui enrichissent leurs discours avec des proverbes, « the palm-oil with which words are eaten » (p.7) [l'huile de palme avec laquelle les mots passent avec les idées].

Contrairement à Achebe et son groupe, les défenseurs des langues locales remettent en cause la politique linguistique des « Afro-Europeans » [Afro-Européens]. Ngugi Wa Thiong'o, l'un des plus grands opposants à l'adoption de la langue du colonisateur, pose une question fondamentale dans son essai, *Decolonising the Mind : The Politics of the Language of African Literature* (1986) [Décoloniser l'esprit : La Politique de la langue de la littérature africaine] : « What is the difference between a politician who says Africa cannot do without imperialism and the writer who says Africa cannot do without European languages » (p. 162) ? [Quelle est la différence entre un homme politique qui dit que l'Afrique ne peut pas se passer de l'impérialisme et un écrivain qui dit que l'Afrique ne peut pas se passer des langues européennes ?]. En réponse à sa question rhétorique, il affirme que l'adoption et/ou l'adaptation de la langue du colonisateur n'est qu'une forme de légitimation de la domination coloniale. Pour décoloniser son esprit, le colonisé doit reprendre les riches langues, les « porteuses de cultures » localement, nationalement et internationalement : « I believe that my writing in Gikuyu language, a Kenyan language, an African language is part and parcel of the anti-imperial struggles of Kenyan and African people » (p. 163) [Je crois que mon écriture en langue kikuyu, une langue kenyane, une langue africaine fait partie intégrante des luttes anti-impériales des Kenyans et des Africains].

De plus, Ngugi affirme que les Africains et les colonisés doivent d'abord développer et utiliser leurs propres langues avant de s'ouvrir au reste de la communauté, de la nation et du monde dans son ensemble. Il développe un processus stratégique d'ouverture multilingue allant du particulier au général, du personnel au collectif :

> With that harmony between himself, his language, and his environment as his starting point, he can learn other languages and even enjoy the positive humanistic, democratic and revolutionary elements in other people's literatures and cultures without any complexes about his own language, his own self, his environment (p. 164).

> Avec cette harmonie entre soi-même, sa langue et son environnement comme point de départ, il peut apprendre les autres langues et même apprécier les éléments humanistes, démocrates et révolutionnaires des littératures et des cultures d'autres peuples sans aucun complexe de sa propre langue, de soi-même et de son environnement.

Se servant du contexte de son propre Kenya, Ngugi recommande à ses compatriotes d'apprendre d'abord le swahili, la lingua franca du pays, puis les autres langues kenyanes (le kikuyu, le luo, le kallenjin, entres autres), ensuite les autres langues africaines (le zoulou, le poular, le wolof etc…) avant les langues qui sont étrangères en Afrique (l'arabe, le français, l'anglais, le portugais, etc.…).

Se départant de cette controverse binaire sur la politique linguistique, Glissant développe une théorie différente qui accommode aussi bien les langues coloniales que celles locales. Sa définition de la langue créole comme langue composite qui combine des éléments linguistiques hétérogènes exprime cette belle communion dans *Le Discours antillais* :

> La langue créole apparaît comme organiquement liée à l'expérience mondiale de la Relation. Elle est littéralement une conséquence de la mise en rapport de cultures différentes, et n'a pas préexisté à ces rapports. Ce n'est pas une langue de l'être, c'est une langue du Relaté (p. 241).

Glissant ne se limite pas seulement aux questions exclusives à la postcolonie dans l'articulation de sa poétique et politique de la langue. Tel que mentionné plutôt dans l'article de Prieto, « Edouard Glissant : Littérature-monde and Tout-monde » [Édouard Glissant : Littérature-monde et Tout-monde], Glissant répand sa poétique et politique de la langue au Tout-monde par le biais de la langue écho-monde, une nouvelle forme de multilinguisme qui ne fait point appel à la possibilité de parler une pluralité de langues comme le prône Ngugi dans son articulation du processus graduel d'ouverture linguistique développé dans son essai précité. Glissant défend cette nouvelle forme de multilinguisme dans *Introduction à une poétique du Divers* : « Le multilinguisme ne suppose pas la coexistence des langues ni la connaissance de plusieurs langues mais la présence de plusieurs langues dans la pratique de la sienne ; c'est cela que j'appelle le multilinguisme » (p. 41). Ce concept de langue écho-monde[32] bloque toute tentative de surimposition de ces langues dites universelles, les « langues orgueilleuses » sur toute autre. Il considère que la notion de langue universelle est une sorte de violation du concept de langue lui-même parce que toute langue, qu'elle soit africaine, européenne, antillaise ou asiatique est créole en nature. Ce concept favorise une interdépendance constante entre les différentes langues. Dans *Poétique de la Relation*, Glissant mentionne « Je te parle dans ta langue mais c'est dans la mienne que je te comprends » (p. 122).

Dans le contexte de l'écriture, le concept de langue écho-monde offre une perspective révolutionnaire dans les études postcoloniales. Au lieu d'un choix particulier d'une langue quelconque sur les autres, Glissant fait appel à une utilisation imaginaire de la langue :

> Je parle et surtout j'écris en présence de toutes les langues du monde […] je ne peux plus écrire de manière monolingue. C'est-à-dire que ma langue, je la déporte et la bous-

---

[32] Voir le concept de Tout-langue de Lise Gauvin dans sa contribution « L'imaginaire des langues : Tracées d'une poétique » dans *Poétiques d'Édouard Glissant* (p. 280).

cule non pas dans des synthèses, mais dans des ouvertures linguistiques qui me permettent de concevoir les rapports des langues entre elles aujourd'hui sur la surface de la terre (*Introduction à une poétique du Divers*, pp. 39-40).

La poétique et politique de la langue dépeint bien le Tout-monde de Glissant, car elle se substitue en un outil relationnel qui permet à tout *étant* d'engager avec son prochain dans ce monde du divers et des différences.

II. ÉLOGE DU DIVERS ET DES DIFFÉRENCES

Un détail n'est pas un fragment, il interpelle la totalité.
Philosophie de la Relation (102).

Dans sa définition du Tout-monde, l'un des éléments les plus déterminants est celui des différences. Cet élément est généralement interconnecté au concept très connu du divers qui est au cœur de certains de ses essais phares, notamment *Introduction à une poétique du Divers*, *Poétique de la Relation*, *Philosophie de la Relation* et *Traité du Tout-monde*. Dans le dernier essai cité par exemple, il présente son Tout-monde en un monde perpétuel du divers : « Notre univers tel qu'il change et en même temps la "vision" que nous en avons. La totalité-monde dans sa diversité physique et dans les représentations qu'elle nous inspire » (p. 176). Glissant utilise le divers pour saisir les complexités variables du monde de l'Occident au Reste du monde. Dès la publication de son essai de référence, *Le Discours antillais* dans les années 1980, Glissant annonce l'inévitable évolution transitionnelle du monde :

> Nous apprécions les avatars de l'histoire contemporaine comme épisodes inaperçus d'un grand changement civilisationnel, qui est passage : de l'universel transcendantal du Même, imposé de manière féconde par l'Occident, à l'ensemble diffracté du Divers conquis de manière de moins en moins féconde par les peuples qui ont arraché aujourd'hui leur droit à la présence au monde (p. 190).

Le divers permet aux peuples anciennement dominés d'être plus visibles et de contribuer à l'évolution du monde dans toute sa splendeur. Autrement dit, le divers les élève de la passivité à l'activité, de la consommation à la production comme l'étude le prouvera de manière détaillée dans la dernière partie de ce chapitre dans l'analyse de la profession politique de la mondialité de Glissant en tant que « the positive flipside of Globalization » [l'envers positif de la mondialisation] comme le souligne Chris Bongie dans *Friends and Enemies : The Scribal Politics of Post/Colonial Literature*[33] (p. 335) [Amis et ennemis : La Politique de scribe de la littérature post/coloniale].

Le concept du divers est revivifié par les Créolistes dans leur promotion de l'identité créole dans les Antilles francophones. L'un de ses pionniers les plus influents, Patrick Chamoiseau le réadapte en transformant le substantif divers en adjectif « diversel » dans *Écrire en pays dominé*. Le divers est « une manière de penser l'homme au monde et d'envisager son épanouissement diversel » (p. 315). Cette plénitude est rendue possible par la reconnaissance populaire des différentes différences qui existent dans le Tout-monde, un monde caractérisé d'abord « par la distension et le détail de ses situés et de ses dérives » (*Philosophie de la Relation*, p. 34).

Dans leur évaluation poétique et politique de l'élection phénoménale de Barack Obama en 2008, Glissant et Chamoiseau l'assimilent à « une solution à des impossibles ethniques, raciaux et sociaux » (*L'intraitable beauté du monde*, p. 20). L'élection d'Obama n'est donc qu'une victoire du divers et des différences car elle met en relation les différentes composantes de la société américaine dans son ensemble :

> M. Barack Obama était imprévisible, dans un pays où toute idée de rencontre, de partage, de mélange, était violemment repoussée par une grande population,

---

[33] Voir la troisième partie « Exiles on Main Stream : Browsing the Franco-Caribbean » [Exiles au grand public : Naviguer les Franco-Antilles] et particulièrement le chapitre 7 sur « Specters of Glissant : Dealing in Relation » [Les Spectres de Glissant : Traiter en Relation (pp. 322-370).

blanche et noire. Sa victoire, qui est bien la leur, n'est pourtant pas en premier celle des Noirs, mais celle du dépassement de l'histoire étasunienne[34] par les États-Unis eux-mêmes (p. 8).

Cette victoire du divers et des différences a le potentiel de transformer les États-Unis d'un état-nation en une nation-relation car elle ouvre une panoplie de possibilités aux minorités en général dans leur combat inlassable de s'assurer une visibilité dans tous les domaines de la vie où le pouvoir de décision est de mise localement, nationalement et internationalement.

La candidature présidentielle de Barack Obama montre le poids électoral des groupes minorisés aux États-Unis, des Noirs aux Hispaniques qui continuent de déterminer les résultats à tous les niveaux. C'est la raison pour laquelle ils sont « courtisés » vigoureusement par les deux grands partis : Les Démocrates et les Républicains. Les présidentielles récentes de l'ère Barack Obama à celle de Joseph Biden montrent clairement la nature changeante de la carte électorale américaine avec la ruée vers le vote des groupes minorisés en général et des Hispaniques en particulier dans les états clés comme la Floride, l'Arizona, le Colorado et le Nevada, entre autres.

En outre, Glissant et Chamoiseau affirment que cette victoire du divers et des différences doit être saisie comme une opportunité pour les Américains de reconnecter avec le monde étranger, tel que le souligne le candidat Obama dans ses promesses électorales qui consistent à s'ouvrir au monde dans sa grande diversité en s'engageant avec les « friends as well as enemies » [aussi bien avec les amis qu'avec les ennemis]. Ils invitent la population étasunienne dans son entièreté à avoir un nouveau regard sur le monde dans *L'intraitable beauté du monde* :

> Les relations du monde avec les États-Unis sont compliquées, le plus souvent fondées sur des rapports de force. Barack Obama est élu président des États-Unis,

---

[34] Glissant utilise l'adjectif "étasunienne" à la place d'américaine, car il affirme que l'adjectif américain/e est une accaparation de tout un continent : Les Amériques.

l'important n'est pas du tout que le monde en apprécie-ra mieux ce pays. L'important est que les États-Unis en apprécieront mieux le monde (pp. 34-35).

Il est important de noter que la victoire phénoménale de Barack Obama doit être une leçon pour le monde en général et les pays de l'Occident en particulier. Glissant et Chamoiseau relatent de manière regrettable la réception de cette victoire des différences en Europe par exemple : « Aujourd'hui, en France comme dans beaucoup d'autres pays favorisés, chacun cherche son Nègre… et bientôt les partis politiques exhiberont sans doute leurs oriflammes en "diversité" sombre » (p. 32). Cette observation est d'autant plus vraie qu'il y a eu des tentatives récentes de la part des partis politiques d'hybrider leur représentativité avec la nomination des membres des groupes minorisés à des postes clés qui cadrent bien avec les questions liées aux défis de la plupart des immigrés.

En France, l'ancien gouvernement socialiste de François Hollande a fait appel à la femme politique de la Guyane, Christiane Taubira, et l'a nommée Ministre de la Justice et Garde des Sceaux. En Italie, Cécile Kyenge de descendance congolaise a hérité du poste ministériel de l'Intégration d'avril 2013 à février 2014. Cependant, ces nominations ont malheureusement rendu plus difficile la condition des populations minorisées en Occident, car elles ont engendré beaucoup de tensions entre ces dernières et les groupes populistes, « les ennemis intimes de la démocratie », comme l'analyse Todorov dans son livre qui porte le même nom.

Des groupes racistes de l'extrême droite continuent de marginaliser et d'insulter les dirigeants de ces groupes minorisés en leur collant des signes rétrogrades de singe. En France, l'un des incidents les plus populaires est la caricature de signe qui représente Christiane Taubira faite par Sophie Léclère, membre du Front national. Elle a posté sur Facebook deux images caricaturales de Christiane Taubira : la première est une photo d'une guenon de 18 mois et la seconde est celle de Taubira, Ministre de la Justice et Garde des Sceaux avec une légende expressive : « À la limite, je préfère la voir dans un

arbre, accrochée aux branches que de la voir au gouvernement ».

Illustration 2 : Christiane Taubira caricaturée :

A 18mois   Maintenant

Similairement, Cécile Kyene, la première femme noire ministre dans l'histoire de la formation gouvernementale en Italie, a été ridiculisée et étiquetée par des dirigeants politiques
comme Roberto Calderoli, le vice-président du Sénat, populiste et membre de la Ligue du Nord qui l'a surnommée « la
Zouloue » ou « la guenon congolaise ». Tous ces incidents
montrent un manque d'engagement de l'actuelle classe dirigeante socio-politique en général et celle de l'Occident en
particulier de mettre en place une vraie politique d'inclusion,
une sorte d'agenda politique relationnelle qui cultive un dialogue mutuel entre le moi et l'autre, les « souchiens » et les
Français issus de l'immigration tel qu'introduit dans le troisième chapitre, « La France hostile ».

Dans son analyse du concept de la Relation[35] de Glissant comme une vitrine menant aux théories de la diversité et des différences, Georges Desportes note dans *La Paraphilosophie d'Édouard Glissant* (2008) : « Dans le chaos-monde actuel, il est nécessaire que chacun […] poursuive une piste identitaire à la rencontre de l'autre » (p. 59). Cette quête est une entreprise enrichissante car la rencontre entre deux parties apparemment opposées produit une collaboration et une compréhension mutuelle dans la résolution possible des problèmes auxquels le Tout-monde fait face dans les différents domaines de la vie actuelle.

Dans sa contribution, « La Poétique de la diversité dans les essais d'Édouard Glissant », Mary Gallagher définit la rencontre enrichissante entre le moi et l'autre comme « une perspective organique [où] il est possible d'appréhender à la fois la particularité relationnelle des peuples et des pays et leur insertion dans la totalité ouverte et composite qu'est l'unité concrète du monde » (p. 29). Ce qui rend cette rencontre assez bénéfique n'est point les similitudes entre ces deux parties mais plutôt la préservation de leurs caractéristiques les plus significatives marquant leur identité dans l'engagement au Tout-monde.

Dans *Philosophie de la Relation*, Glissant détermine explicitement les paramètres de cette rencontre unique en ces termes : « La part d'opacité aménagée entre l'autre et moi, mutuellement consentie (ce n'est pas un apartheid), agrandit sa liberté, confirme aussi mon libre choix, dans une relation de pur partage, où échange et découverte et respect sont infinis, *allant de soi* » (p. 69). La diversité prônée par Glissant est en contraste évident avec le multiculturalisme tant chanté dans les pays occidentaux. Dans *L'intraitable beauté du monde*, Glissant et Chamoiseau reviennent sur ce système particulier que l'Occident utilise pour leurrer la plupart des populations minorisées venant de leurs anciennes colonies. Même s'ils jugent et jaugent la victoire de Barack Obama dans le compte d'une victoire du divers et des différences, ils précisent que le melting-pot, le multiculturalisme amé-

---

[35] Voir la définition de la Relation de Glissant dans *Philosophie de la Relation* : « la quantité réalisée de toutes les différences sans en excepter une seule » (p. 42).

ricain, n'en est aucunement un facteur déterminant. Le multiculturalisme occidental est selon eux, une juxtaposition où certaines cultures demeurent beaucoup plus visibles que d'autres :

> Les deux groupes identitaires d'origine, blanc et noir se sont séparés, comme deux entités inapprochables l'une de l'autre. Les autres groupes ethniques et nationaux se sont par ailleurs juxtaposés (ce qu'on appelait le multiculturalisme), sans beaucoup se mêler (p. 11).

Glissant et Chamoiseau font appel à une nouvelle forme de multiculturalisme qui a le potentiel d'interconnecter les peuples et les nations, qu'importe le lieu de la culture en Occident ou dans le Reste du monde, ce qui favorise une sorte de diversité dans l'unité où chaque *étant* se sent tout en sentant l'autre.

Le divers et les différences s'entremêlent dans la poétique et la politique de Glissant car l'ultime manifestation de cette nouvelle forme de multiculturalisme, c'est-à-dire la diversité dans l'unité est la reconnaissance et l'acceptation de tous les *étants*, les participants actifs et productifs du Tout-monde. En d'autres termes, la diversité dans l'unité ne peut être perçue et vécue que dans la présence harmonieuse des différences que Glissant loue comme l'ultime ou l'intraitable beauté du monde. Dans son entretien avec Georgia Makhlouf, il définit cette « esthétique en temps de crise » par la diversité dans l'unité non uniforme comme suit :

> La beauté, ce n'est pas le beau. Il y a dans la beauté une dimension peu évidente. Je dirais qu'elle est le point où des différences s'accordent, et non le point où des semblables s'harmonisent. La beauté est toujours imprévisible ; elle ne réside pas dans la reproduction du même.

La langue est l'illustration par excellence qui démontre cette beauté d'autant plus qu'elle relate toutes ses composantes dans une manière harmonieusement alchimique dans laquelle toute composante fait résonner et raisonner différemment les autres homologues. Chamoiseau réitère ce plaidoyer de la beauté en transportant aussi bien le moi que l'autre dans le monde des différences, l'imaginaire de la diversité dans « Les Guerriers de l'imaginaire » :

> [Il] ne s'agit pas d'entrer dans une sorte de tourbillon où tout le monde est confondu avec tout le monde, mais il s'agit de garder ces émergences et ces richesses qui ont été merveilleuses, ces cultures, ces visions du monde, ces langues, ces musiques, mais de sorte qu'elles appartiennent à tous et que tous, selon des modalités d'imaginaires individuels, en deviennent défenseurs (p. 30).

Dans beaucoup de ses essais récents, Glissant développe ce culte du divers et des différences en tant qu'entreprise nécessaire de chaque *étant* pour finalement libérer notre monde des préjugés dominants dont le plus persistant est le racisme qui continue de gangréner la quasi-totalité des sociétés modernes. Dans *Philosophie de la Relation*, Glissant développe en profondeur ce culte par sa « pensée de la Relation » qui se démarque et bouscule les normes actuelles imposées par la classe populiste et ses adeptes qui refusent le mélange : « Elle ne confond pas des identiques, elle distingue entre les différents, pour mieux les accorder. Les différents font poussière des ostracismes et des racismes » (p. 72).

La pensée de la Relation de Glissant prouve que le monde a changé et que les cultures sont mutuellement interdépendantes et interconnectées. Par conséquent, l'isolation n'est aucunement une option viable pour n'importe quelle culture, qu'elle soit périphérique ou centrale pour reprendre les représentations classiques de la théorie postcoloniale : « Le monde se créolise, toutes les cultures se créolisent à l'heure actuelle dans leurs contacts entre elles. Les ingrédients varient, mais le principe même est qu'aujourd'hui, il n'y a plus une seule culture qui puisse prétendre à la pureté » (*Introduction à une poétique du Divers*, pp. 125-126). Le moi et l'autre doivent prendre en commun leurs responsabilités partagées dans la re/construction du Tout-monde en menant l'Occident dans le Reste du monde et le Reste du monde dans l'Occident et en adoptant la mondialité de Glissant en tant que « poétique [politique] de la diversité solidaire » (*La Cohée du Lamentin*, p. 143).

Dans son entretien précité, « Les Guerriers de l'imaginaire », Chamoiseau rappelle que Glissant est incontestablement le pionnier par excellence du concept poétique et politique de la mondialité dans les études francophones en général et la pensée antillaise francophone en particulier : « Le mot mondialité a été proposé par Édouard Glissant. C'est lui qui développe cette idée-là pour nous distinguer du concept de mondialisation » (p. 25). Ce rappel ou plutôt cette désignation est d'autant plus plausible que la mondialité occupe une place de choix dans les écrits récents de Glissant dans lesquels il se sert de l'événementiel des phénomènes politiques majeurs pour exprimer son « cri du monde ». Dans ces essais publiés lors de l'avant-dernière décennie, il met en opposition la mondialité à la mondialisation, deux visions conceptuelles pour analyser notre monde actuel et ses réalités complexes dans tous les domaines allant de l'économie à la culture. Dans *La Cohée du Lamentin* (2005), Glissant donne des définitions assez limpides et dichotomiques de ces deux visions :

> Ce que l'on appelle mondialisation, qui est l'uniformisation par le bas, la standardisation, le règne des multinationales, l'ultra libéralisme sur les marchés mondiaux, pour moi, c'est le revers négatif de quelque chose de prodigieux que j'appelle la mondialité. La mondialité, c'est l'aventure extraordinaire qui nous est donnée à tous de vivre aujourd'hui dans un monde qui, pour la première fois, réellement et de manière immédiate, foudroyante, sans attendre, se conçoit comme un monde à la fois multiple et unique, autant que la nécessité pour chacun de changer ses manières de concevoir, de vivre, de réagir dans ce monde-là (p. 15).

Ces deux visions conceptuelles de Glissant à la fois poétiques et politiques rappellent la théorisation philosophique du concept d'universel développé par Maurice Merleau-Ponty dans son livre de référence, *Signes* (1960). Dans ce dernier, Merleau-Ponty articule deux formes juxtaposées de l'universel, à savoir l'universel de surplomb associable à la mondialisation et l'universel latéral comparable à la mondialité de Glissant :

Il y a là une seconde voie vers l'universel : non plus l'universel de surplomb d'une méthode strictement objective, mais comme un universel latéral dont nous faisons l'acquisition par l'expérience ethnologique, incessante mise à l'épreuve de soi par l'autre et de l'autre par soi (p. 150).

La mondialité de Glissant et l'universel latéral de Merleau-Ponty sont des voies de transport visionnaires de l'*étant*, « le civilisé » vers l'univers riche de l'autre, « l'indigène » tel qu'analysé dans le chapitre de Merleau-Ponty intitulé « De Mauss à Claude Lévi-Strauss » dans *Signes*.

Glissant promeut la mondialité en tant qu'appel de démarcation à l'impérialisme occidental à outrance qui continue de dominer le monde en général et les anciennes colonies en particulier. Dès la publication de *L'intention politique*, Glissant a accusé le colonisateur de perpétuer cette domination sous diverses formes plus subtiles : « L'homme d'Occident crut "vivre la vie du monde," là où il ne fit souvent que réduire le monde et en induire une globalité idéelle qui n'est certes pas la totalité-monde » (p. 27). La mondialité de Glissant est certainement un appel à la « désoccidentalisation »[36] du monde en général et des colonies en particulier. Glissant et Chamoiseau reviennent sur cet appel de manière beaucoup plus directe et intentionnée dans *Quand les murs tombent* quand ils réfutent catégoriquement la politique condamnable du gouvernement français et par extension l'Occident dans l'instrumentalisation de la question centrale de l'immigration :

Ce qui menace les identités nationales, ce n'est pas les immigrations, c'est par exemple l'hégémonie étasunienne, c'est la standardisation insidieuse prise dans la consommation, c'est la marchandise divinisée, précipitée sur toutes les innocences, c'est l'idée d'une 'essence occidentale' séparée des autres et qui serait par la même devenue non humaine (p. 13).

---

[36] Voir la contribution de Mary Ghallagher dans *Horizons d'Édouard Glissant*.

Cette essence occidentale qui est le socle de la mondialisation annihile l'autre en perturbant la fibre sociale et sociétale de la collectivité. Dans le chapitre, « Une tyrannie des individus » tiré de son livre, *Les Ennemis intimes de la démocratie*, Todorov affirme que la surimposition du moi, le soi-disant « souchien » sur l'autre, l'immigré, est attentatoire au système social de la démocratie en Occident :

> Aujourd'hui, dans le monde occidental, l'une des principales menaces sur la démocratie ne provient pas d'une expansion démesurée de la collectivité, elle réside plutôt dans un renforcement sans précédent de certains individus qui du coup mettent en danger le bien-être de la société dans son ensemble (p. 105).

Dans son entreprise de « désoccidentalisation » du monde, Glissant lance un défi à tous les *étants* et particulièrement aux puissances dirigeantes du monde d'initier et d'instaurer un agenda politique relationnel qui garantit une visibilité certaine à tout le monde sans exception de race, de religion et de classe. Après avoir énuméré les problèmes auxquels le monde actuel fait face dans *Quand les murs tombent*, Glissant et Chamoiseau proposent une mise en place reconstructive d'un système juste et équilibré dans tous les domaines de la vie : « Face à de tels renversements, il est des équilibres économiques, des aléas sociaux, des exigences de politique intérieure à inventer, maintenir ou réparer » (p. 21). Pour ce faire, il est impératif d'établir de nouvelles formes d'institutions relationnelles différentes de la Banque mondiale, du Fonds monétaire international et de l'Organisation mondiale du commerce qui sont à la merci de l'Occident, tel que le projette bien Abderrahmane Sissako dans son documentaire *Bamako* (2006).

Il importe de noter que Glissant ne fait que proposer une panoplie d'alternatives à ce statu quo mais ne donne point de plan d'exécution stratégique à court ou à long terme. Cette perspective est en phase avec sa propre promotion d'une politique transformationnelle du bas vers le haut qu'il annonce dès *Le Discours antillais* dans lequel les masses sont au cœur de la poétique et de la politique de l'Antillanité. Glissant, l'auteur, propose mais les masses, l'audience, disposent. Pour arriver à des résultats tangibles, il affirme que sa vision doit « dépasser la postulation intellectuelle prise en compte par les élites du savoir et de s'ancrer dans l'affirmation collective appuyée par l'acte des peuples » (p. 422).

Dans le domaine économique, Glissant rejette la nature assimilationniste du dogme capitaliste pour un nouveau modèle dénommé « économie relationnelle ». Dans *Traité pour le Grand Dérangement*, Glissant et ses collaborateurs précisent que « l'économie n'est pas le seul mode de penser, ni le seul paradigme où penser, et les économistes mettent à vivre les tremblements très bouleversants du poétique » (p. 15). Cette économie relationnelle est une économie dépourvue de matérialisme pur et dur et est basée sur la solidarité appelant le vendeur et l'acheteur à promouvoir et établir un esprit mutualiste, coopératif et associatif (p. 25). Les deux entretiennent un échange productif régi par l'intérêt collectif. Cette nouvelle forme d'échanges est diamétralement opposée à l'actuel modèle économique mondial qui ne favorise qu'un groupuscule d'hommes et de femmes d'affaires, les seuls grands bénéficiaires des transactions à l'échelle mondiale.

Dans le domaine politique, Glissant et ses collaborateurs développent un modèle relationnel de gouvernance dans lequel « démocraties représentative et participative ne doivent pas s'opposer » (*Traité pour le Grand Dérangement*, p. 23) car la classe dirigeante et les masses se créent une vraie dépendance mutuelle. Dans *Manifeste pour les produits de haute nécessité*, ils développent un nouveau portrait du leader idéal : « L'élu n'est pas ce délégué à qui l'on remet son destin, mais le catalyseur de la réflexion commune émanant de la créativité sociale réhabilitée » (p. 23). Ce nouveau système politique de gouvernance doit être adopté par toutes les nations-relation dans le Tout-monde de Glissant. Avec ses collaborateurs, Glissant encourage la pratique du « principe de citoyenneté mondiale » qu'il définit en ces termes : « La citoyenneté n'est plus une notion seulement nationale mais une éthique mondiale qui transcende toutes les appartenances et qui s'impose à elles » (*Traité pour le Grand Dérangement*, p. 19). Il est donc évident que chaque *étant* devient un citoyen dont les actions transportées par « les bouillons de l'internet et des autres formes de communications ont consciemment ou inconsciemment des répercussions sur le Tout-monde » (*Philosophie de la Relation*, p. 35).

Dans l'étude des totalités imaginaires, le Tout-monde de Glissant, l'analyse a montré à travers l'articulation des concepts théoriques de l'imaginaire et de la langue écho-monde que les limites traditionnelles érigées principalement par les anciens colonisateurs et colons sont surmontables. Nous vivons dans une aire et une ère dans lesquelles « nos lieux sont incontournables, nous pouvons les entourer de murailles, les interdire à l'autre, mais nous pouvons les échanger sans les perdre » (*L'intraitable beauté du monde*, p. 52). Notre monde a besoin de changements drastiques dans la quasi-totalité de domaines pour que nous parvenions à maintenir un équilibre dans lequel tous les *étants* ont l'égalité et l'équité des chances pour explorer et exprimer le potentiel complet de leurs différences dans la diversité.

Conclusion

L'écrivain ne s'enferme pas dans une tour d'ivoire pour élucubrer une histoire possible. Au contraire, il cherche des pistes, rassemble des faits comme l'historien. Il écoute le peuple comme l'anthropologue. Il étudie les langues comme le linguiste. Il observe l'organisation sociale comme le sociologue. Il examine l'"oikos" comme l'économiste ou l'écologiste. Il analyse la "polis" comme le politologue.

Andrès Bansart. « Le Roman caribéen ».

Dans son analyse de la fiction antillaise francophone en général et du roman en particulier, Bansart affirme que l'écrivain archipélique se transforme inévitable en un « auteur à tout faire » pour donner une image caractéristique de la société dans son ensemble. Cette affirmation est véritablement plausible dans l'œuvre de Glissant et plus particulièrement dans ses écrits récents qui constituent le corpus de cette étude. Dans ces derniers où il part de l'opacité poétique à la limpidité politique, il assume pleinement ces diverses et différentes fonctions mentionnées dans l'épigraphe ci-dessus dans le diagnostic de sa Martinique natale et par extension du monde, de l'Occident au Reste du monde. À vrai dire, son adoption et adaptation d'une perspective transdisciplinaire a fait de lui un écrivain et un théoricien qui continue d'attirer la grande attention des lecteurs et des critiques dans tout le monde. Ces derniers revisitent son œuvre dans une pluralité de domaines de la recherche allant au-delà des lettres et des sciences humaines.

Ce rejet du confinement dans une seule branche de savoirs et de connaissances se reflète dans l'articulation de la thématique centrale dans son œuvre où il établit l'interdépendance et l'ouverture comme marques fondamentalement cardinales de sa poétique et de sa politique. Cette perspective est bien exprimée dans la mise en exergue de l'état actuel des DROM-COM antillais par Glissant et ses collaborateurs dans *Manifeste pour les produits de haute nécessité*. Dans leur évaluation de la grève générale aux Antilles francophones en 2009, ils encouragent le LKP à adopter une approche holistique dans la résolution du problème antillais en imaginant et en mettant en place ensemble un « *cadre politique de responsabilité pleine* dans les sociétés martiniquaise guyanaise réunionnaise nouvelles, prenant leur part souveraine aux luttes planétaires contre le capitalisme et pour un monde écologiquement nouveau » (p. 8).

Ce modèle archipélique d'ouverture qui est symboliquement basé sur une croyance populaire qui rappelle que « l'autre est toujours à l'écoute » prône en quelque sorte ce que le philosophe français, Alain Renaut, appelle « un humanisme de la diversité » dans l'essai qui porte le même nom.[37] Dans ce dernier, Renaut fait une analyse panoramique de différents modes de diversité y compris celui de Glissant et définit cet humanisme en tant que nécessité éthique de penser et de visualiser l'autre comme partenaire non pas seulement identique mais aussi divers et différent. Cet humanisme de la diversité est développé dans l'œuvre de Glissant par sa poétique et sa politique de la Relation qui renouvelle et établit la solidarité entre les peuples, les nations et les cultures du Tout-monde. Dans *Introduction à une poétique du Divers*, il évalue cette dynamique relationnelle entre le moi et l'autre comme suit : « Dans la rencontre des cultures du monde, il nous faut avoir la force imaginaire de concevoir toutes les cultures comme exerçant à la fois une action d'unité et de diversité libératrice » (p. 72). Profondément enraciné dans la « diversité de l'Un et l'unité du Divers », l'humanisme de Glissant cultive un dialogue inclusif et une relation mutuelle fondés sur « equality with and respect for the Other as different from Oneself » (*Edouard Glissant and Postcolonial Theory* p. 11) [l'égalité avec et le respect pour l'autre aussi différent que soi-même].

---

[37] Alain Renaut. *Un Humanisme de la diversité : Essai sur la décolonisation des identités* (2009).

Dans leurs manifestes politiques récents tels *Quand les murs tombent* et *L'intraitable beauté du monde*, Glissant et Chamoiseau lancent un appel fort à la classe dirigeante occidentale de respecter et de valoriser la nature diverse et différente de sa population et de mettre en place un système d'intégration qui « reconnaî[t] en l'autre le même, notre frère, notre égal » (*Mémoires des esclavages*, p. 10). Autrement dit, l'immigration, l'actuel sujet phare, doit être vue et vécue non pas comme un désavantage mais plutôt un avantage, une expérimentation enrichissante de toute nation et de tout citoyen se disant « souchien », immigré ou tous les deux à la fois.

La dimension humaniste est l'une des marques les plus notoires de l'œuvre de Glissant retenues par les critiques littéraires et les hommes et les femmes politiques. Lors de la commémoration de sa mort en 2011, Martine Aubry, la candidate socialiste, sortie deuxième derrière l'ancien président français, François Hollande, aux élections primaires du parti socialiste de 2012, fait un hommage révélateur à la hauteur de Glissant : « Édouard Glissant restera à jamais parmi nous, non seulement pour la beauté de ses mots et la force de son verbe, mais tout autant pour ses odes à l'humanisme et à la diversité du genre humain, antidotes de tous les préjugés et les racismes ».[38]

L'humanisme de Glissant rappelle bien le nouvel humanisme développé par son homologue martiniquais et aîné de trois ans, Frantz Fanon. Dans la conclusion de *Peau noire, masques blancs*, Fanon lance un appel solennel aux colonisés et aux colonisateurs afin qu'ils ne tombent pas et ne sombrent pas dans les gouffres des paradigmes historiques de l'esclavage et du colonialisme. Après avoir fait un diagnostic psychanalytique en longueur et en profondeur de ces paradigmes historiques dans son œuvre, il invite les Noirs et les Blancs à se libérer respectivement de leur complexe d'infériorité et de supériorité puisqu'« i]l n'y a pas de mission nègre. Il n'y a pas de mission blanc » (186).

---

[38] "Mort d'Édouard Glissant : Les Réactions." Humanité.fr 3 février 2011.

Cette alerte humaniste qui promeut le raffinement d'un sens de dépassement de soi et de la réconciliation entre des mondes apparemment opposés est spécialement prise en compte par Glissant dans ses écrits récents qui revisitent l'esclavage et le colonialisme par le truchement de l'événementiel. Dans *Mémoires des esclavages* par exemple, il adopte l'approche de Fanon dans la représentation de l'esclavage en général et des réparations, des origines et des histoires en particulier. Dans le quatrième chapitre intitulé « Mémoire délivrée », Glissant affirme non sans insistance : « Le signe commun est alors la mémoire délivrée, délivrée des interdits et des séductions et des indifférences et des provocations et des mépris incontrôlables et des haines et des jactances et des volontés de puissance » (p. 176).

Cette étude analytique de la nouvelle œuvre de Glissant ouvre des perspectives intéressantes qui permettraient de comprendre et de valoriser davantage l'héritage poétique et politique de l'archipel antillais dans la marche de l'humanité aussi bien dans la Diaspora noire que dans le monde entier. Il serait pertinent de faire une analyse comparative spéciale des œuvres de Fanon et de Glissant. Cette dernière pourrait en exergue les raisons ayant poussé Fanon et Glissant à s'éloigner quelque peu de la rhétorique de la Négritude et de mieux comprendre l'évaluation de leurs pensées, d'un anticolonialisme révolutionnaire séparatiste à un humanisme inclusif et réconciliant du monde dans sa totalité. Il est évident que l'ombre de Fanon, le nouvel humaniste, plane sur la redéfinition et la progression de l'œuvre de Glissant et de ses essais de référence, de *Poétique de la Relation* à *Philosophie de la Relation* en passant par *Traité du Tout-monde*.

De plus, une autre étude aussi intéressante que celle mentionnée tantôt pourrait mener à une analyse plus fouillée poétiquement et politiquement de certaines notions théoriques de Glissant comme l'hybridité et la créolisation en comparaison avec celles développées par les ténors du mouvement littéraire et politique des *Black British Cultural Studies*, Stuart Hall et Paul Gilroy. Elle pourrait montrer comment et pourquoi Glissant est le pionnier par excellence des débats diasporiques au sein de « l'Atlantique noire » popularisée par ces auteurs et écrivains anglophones qui ont bénéficié de la place prépondérante de l'anglais dans le monde et de la grande popularité voire l'hégémonie de cette discipline particulière dans le domaine des études antillaises postcoloniales et diasporiques dans les espaces francophone et anglophone.

L'œuvre de Glissant demeure une source intarissable pour les générations présentes et futures. Elle donne ou plutôt propose des alternatives dans tous les domaines de la vie pour le développement d'un monde juste et équitable d'échanges et de changements dans lequel « il n'y a[ura] plus de culture sans toutes les cultures, plus de civilisation qui puisse être métropole des autres » (*Soleil de la conscience,* pp.13-14). Dans la redéfinition de son œuvre générale quelques années voire une décennie avant sa mort avec la transition évidente de l'opacité poétique à la limpidité politique, Glissant ne fait que ranimer la noble mission qu'il s'est assignée au tout début de sa longue et riche carrière. Cette dernière se veut être en permanence à l'écoute et aux côtés de sa communauté, de son royaume d'enfance, de sa Martinique natale, du monde dans la totalité, du Tout-monde.

Bibliographie

I. OUVRAGES D'ÉDOUARD GLISSANT À L'ÉTUDE

Glissant, Édouard. *Soleil de la conscience.* 1956. Paris : Gallimard, 1997.

——. *La Lézarde.* 1958. Paris : Gallimard, 1997.

——. *Le Quatrième siècle.* 1964. Paris : Gallimard, 1997.

——. *L'intention poétique.* 1969. Paris : Gallimard, 1997.

——. *Le Discours antillais.* Paris : Seuil, 1981.

——. *Poétique de la Relation.* Paris : Gallimard, 1990.

——. *Poetics of Relation.* Trans. Betsy Wing. Ann Arbor : University of Michigan Press, 1997.

——. *Traité du Tout-monde.* Paris : Gallimard, 1993.

——. *Tout-monde.* Paris : Gallimard, 1995.

——. *Introduction à une poétique du Divers.* Paris : Gallimard, 1996.

——. *Mahogany.* Paris : Gallimard, 1997.

——. *La Cohée du lamentin.* Paris : Gallimard, 2005.

——. *Une Nouvelle région du monde.* Paris : Gallimard 2006.

——. *Mémoires des esclavages : La Fondation d'un Centre national pour la mémoire des esclavages et de leurs abolitions.* Paris : Gallimard, 2007.

——. *Philosophie de la Relation.* Paris : Gallimard, 2009.

——. *La Terre, le feu, l'eau et les vents : Une Anthologie de la poésie du Tout-monde.* Paris : Galaade, 2010.

——. *Les Mémoires des esclavages et de leurs abolitions.* Paris : Galaade, 2012.

Glissant, Édouard et al. *Manifeste pour les produits de haute nécessité.* Paris : Galaade, 2009.

——. *Traité pour le Grand Dérangement.* Paris : Galaade, 2009.

Glissant, Édouard et Chamoiseau, Patrick. *Quand les murs tombent : L'identité hors la-loi ?* Paris : Galaade, 2007.

——. *L'intraitable beauté du monde : Adresse à Barack Obama.* Paris : Galaade, 2009.

Glissant, Édouard et Leupin, Alexandre. *Les Entretiens de Bâton Rouge.* Paris : Gallimard, 2008.

II. OUVRAGES GÉNÉRAUX, CRITIQUES ET ARTICLES

Achebe, Chinua. *Things Fall Apart.* 1958. New York : Anchor Books, 1994.

—. *Morning Yet on Creation Day.* London : Heinemann, 1975.

—. *Hopes and Impediments : Selected Essays : 1965-1987.* London : Heinemann, 1988.

Afro-Diasporic French Identities. Dir. Etoké, Nathalie. 2011.

Amselle, Jean-Loup. *Logiques métisses : Anthropologie de l'identité en Afrique et ailleurs.* Paris : Payot, 1990.

Badiou, Alain. "Le Racisme des intellectuels." *Le Monde* 05 mai 2012.

Bamako. Dir. Sissako, Abderrahmane. 2006.

Bansart, Andrès. "Le Roman caribéen : Expression polyphonique d'une histoire non écrite." *Les Apports du Nouveau Monde à l'Ancien.* Actes du colloque du FESTAG (Festival des Arts de Guadeloupe des 23-25 juillet 1991). Alain Yacou, ed. Paris : CERC-Karthala, 1995.

Barcelona or Barsakh. Dir. Levine, Hank. 2011.

Belugue, Geneviève. *Le Lieu dans l'œuvre romanesque d'Édouard Glissant.* Villeneuve d'Ascq : Presses Universitaires du Septentrion, 1998.

Benveniste, Émile. *Problèmes de linguistique générale.* Paris : Gallimard, 1966.

Bhabha, Homi K. *Nation and Narration.* London/New York : Routledge, 1990.

—. *The Location of Culture.* London/New York : Routledge, 1994.

Blatt, David. "Immigrant Politics in a Republican Nation." *Postcolonial Cultures in France.* Alec Hargreaves and Marc Mc Kinney, eds. London : Routledge, 1997. 40- 58.

Bongie, Chris. *Friends and Enemies : The Scribal Politics of Post/Colonial Literature.* Liverpool : Liverpool University Press, 2008.

Britton, Celia. "Langues et langages dans le Tout-monde." *Autour d'Édouard Glissant : Lectures, épreuves, extensions d'une poétique de la Relation.* Sami Kassab Charfi, Sonia Zlitni-Fitouri, and Loïc Céry, eds. Bordeaux : Presses Universitaires de Bordeaux, 2008. 235-245.

—. *Edouard Glissant and Postcolonial Theory : Strategies of Language and Resistance*. Charlottesville : University of Virginia Press, 1999.

Cabral, Amilcar. "National Liberation and Culture." *Transition* 45 (1974) : 12-17.

Caillat, Sophie. "Sarkozy et sa vitrine historique de l'identité nationale." *Le Nouvel Observateur* 7 octobre 2010.

Cailler, Bernadette. *Conquérants de la nuit nue : Édouard Glissant et l'H (h) istoire antillaise*. Tübingen : Gunter Narr, 1988.

—. "Un Itinéraire poétique : Édouard Glissant et l'anti-Anabase." *Présence Francophone* 19 (1979) : 107-132.

Cerquiglini, Bernard. "Francopolyphonie du Tout-monde : Penser la Francophonie avec Édouard Glissant." mondesfrancophones.com 14 novembre 2006.

Césaire, Aimé. *Discours sur le colonialisme*. 1950. Paris : Présence Africaine, 1955.

—. *Toussaint Louverture : La Révolution française et le problème colonial*. Paris : Présence Africaine, 2004.

Chamoiseau, Patrick. *Écrire en pays dominé*. Paris : Gallimard, 1997.

—. "Chanter l'île." *Nouvel Observateur* HS 18 (1993) : 36-38 (colonnes a, b, et c).

—. "Les Guerriers de l'imaginaire." *Écarts d'identité* 112 (2008) : 25-34.

Chamoiseau, Patrick et Confiant, Raphaël. *Lettres créoles : Tracées antillaises et continentales de la littérature 1635-1975*. Paris : Hatier, 1991.

Chamoiseau, Patrick, Confiant, Raphaël et Bernabé, Jean. *Éloge de la Créolité*. Paris : Gallimard, 1989.

Chancé, Dominique. *Édouard Glissant : Un Traité du déparler*. Paris : Karthala, 2002.

Chanson, Philippe. "Identité et Altérité chez Édouard Glissant et Patrick Chamoiseau : Scripteurs de la Parole Créole." Franklin College Conference on Caribbean Literature and Culture : "The Caribbean Unbound." 13-16 April 2005.

Charadeau, Patrick. *Entre populisme et peopolisme : Comment Sarkozy a gagné* ! Paris : Vuibert, 2008.

Chehad, May. "Poétiques archipélagiques." *Transtex(e) ts Transcultures : Journal of Global Cultural Studies* Special Issue (2008) : 39-48.

Chevalier, Jean et Gneerbrant, Alain. *Dictionnaire des symboles : Mythes, rêves, coutumes, gestes, formes, figures, couleurs, nombres.* Paris : Laffont, 1997.

Chevrier, Jacques, ed. *Poétiques d'Édouard Glissant.* Actes du colloque international de la Sorbonne 11-13 mars 1998. Paris : Presses Universitaires de Paris-Sorbonne, 1993.

Chrétien, Jean-Pierre, ed. *L'Afrique de Sarkozy : Un Déni d'histoire.* Paris : Karthala, 2008.

Condé, Maryse. "Négritude césarienne, négritude senghorienne." *Revue de littérature comparée* 3.4 (1974) : 409-419.

Confiant, Raphaël. *Aimé Césaire : Une Traversée paradoxale du siècle.* Paris : Stock, 1993.

Coursil, Jean. "Le Détour par la Négritude : Lecture glissantienne de Césaire." International Colloquium. New York University. Winter 2004.

"Crise coloniale, crise mondiale : Rencontre avec Édouard Glissant." Chapelle du Verbe Incarné. Festival d'Avignon 13 juillet 2009.

Dash, Michael. *Edouard Glissant.* Cambridge : Cambridge University Press, 1995.

Debono, Marc-Williams. "Arts et sciences : Les fruits de l'archipel." Atalaia Exposition Universelle de Lisbonne, 1998.

De Brito Ferreira, Antonio et Favre, Yves-Alain. *Horizons d'Édouard Glissant.* Actes colloque international de Porto. 24-27 octobre 1990. Biarritz : J&D Éditions, 1992.

Deleuze, Gilles et Guattari, Felix. *Mille Plateaux : Capitalisme et Schizophrénie.* Paris : Minuit, 1980.

"De quoi Sarkozy est-il le nom ? Entretien de Frédéric Taddéi avec Alain Badiou." *France 3.* 25 octobre 2007.

Derrida, Jacques. *De la grammatologie.* Paris : Minuit, 1967.

Desportes, George. *La Paraphilosophie d'Édouard Glissant.* Paris : L'Harmattan, 2008.

Dieng, Gorgui. *A Leap Out of the Dark.* Dakar : Les Éditions du livre universel, 2002.

—. "Crise de l'école sénégalaise : La Rupture linguistique" *Chroniques de Gorgui Dieng*. 5 août 2013.

Diop, Birago. 1960. *Leurres et lueurs*. Paris : Présence Africaine, 2002.

Dirlik, Arif. "Rethinking Colonialism : Globalization, Post-colonialism, and the Nation." *Interventions : Journal of Postcolonial Studies*, 4.3 (2002) : 428-448.

Dodu, Brigitte. "Mondialité ou mondialisation ? Le Tout-monde et le Tout-empire." *Les Cahiers du GEPE*, 3 (2001).

Durpaire, François. Hommage à Glissant. *Respect Mag*. 04 février 2011.

Édouard Glissant : Un Monde en Relation. Dir. Diawara, Manthia. 2010.

Eeckhout, Laetitia. "Immigration : Le Bilan de Brice Hortefeux." *Le Monde* 13 janvier 2009.

Entre les murs. Dir. Cantet, Laurent. 2008.

"Entretien du CARE (Centre Antillais de Recherches et d'Études) avec Édouard Glissant." *CARE* 10 (1983).

Equy, Laure. "À Toulouse, Sarkozy promet des 'frontières' partout." *Libération politique* 29 avril 2012.

Fanon, Frantz. *Peau noire, masques blancs*. Paris : Seuil, 1952.

—. *Les Damnés de la terre*. 1961. Paris : Maspero, 1978.

Fonkoua, Romuald. *Essai sur une mesure du monde au XXᵉ siècle : Édouard Glissant*. Paris : Honoré Champion, 2002.

Gaines, Kevin. *American Africans in Ghana : Black Expatriates and the Civil Right Era*. Chapel Hill : The University of North Carolina Press, 2006.

Gaurav, Desai et Nair, Supriya, eds. *Postcolonialisms : An Anthology of Cultural Theory and Criticism*. New Brunswick : Rutgers University Press, 2005.

Gilroy, Paul. *The Black Atlantic : Modernity and Double Consciousness*. Cambridge : Harvard University Press, 1992.

—. "It Ain't Where You're From, It's Where You're At… The Dialectics of Diasporic Identification." *Third Text* 5.13 (1991) : 45-52.

Gyssels, Kathleen. "The Worldwide Web and Rhizomatic Identity : *Traité du Tout-monde* by Édouard Glissant." *Mots pluriels* 18 (2001).

Hale, Thomas. *Griots and Griottes : Masters of Words and Music.* Bloomington : Indiana University Press, 2007.

Hall, Stuart. "Old and New Identities, Old and New Ethnicities." *Culture, Globalization, and the World System : Contemporary Conditions for the Representation of Identity.* Ed. Anthony D. King Minneapolis : University of Minnesota Press, 1991.

Hallward, Peter. *Absolutely Postcolonial. Writing Between the Singular and the Specific.* Manchester : Manchester University Press, 2001.

Hegel, Georg. *La Phénoménologie de l'esprit.* 1807. Paris : Gallimard, 2002.

Kandé, Sylvie, ed. *Discours sur le métissage, identités métisses : En quête d'Ariel.* Paris : L'Harmattan, 1999.

Kesteloot, Lilyan. *Anthologie négro-africaine : Panorama critique des prosateurs, poètes et dramaturges noirs du XXᵉ siècle.* Verviers : Marabout, 1976.

Kincaid, Jamaica. *A Small Place.* New York : Farrar, 1988.

Renée, Larrier. "Crier/Écrire/Cahier : Anagrammatic Configurations of Voice in Francophone Caribbean Narratives" *The French Review* 69 : 2 (1995) : 275-283.

"La Culture selon Sarkozy." *Le Louvre pour tous* 13 mars 2007.

La Rue Cases-Nègres. Dir. Euzhan Palcy. 1983.

Laye, Camara. *Le Maître de la parole : Kouma Lafôlô Kouma.* Paris : Pion, 1978.

Le Bris, Michel et Rouaud, Jean, eds. *Pour une littérature-monde.* Paris : Gallimard, 2007.

Le Bris, Michel, et al. *Je est un autre : Pour une identité-monde.* Paris : Gallimard, 2010.

Le Pen, Marine. "Pour une République VRAIMENT française." www.frontnational.com, 4 novembre 2009.

"Le Sénégal accueille 160 étudiants haïtiens." *RFI* 11 octobre 2010.

Lewis, Shirleen K. *Race, Culture and Identity : Francophone West African and Caribbean Literary and Theory from Negritude to Créolité.* New York : Lexington, 2006.

Lionnet, Françoise. "Continents and Archipelagoes : From E Pluribus Unum to Creolized Solidarities." *PMLA* 123.5 (2008) : 1503-15.

Maalouf, Amin. *Les Identités meurtrières.* Paris : Grasset, 1998.

Makhlouf, Georgia. "Entretien avec Édouard Glissant et Patrick Chamoiseau : De la nécessité du poétique en temps de crise." *L'Orient Littéraire* juin 2009.

Maran, René. *Batouala.* 1921. Paris : Magnard, 2002.

M'bembe, Achille. "L'Afrique de Sarkozy." *Le Messager* 8 août 2007.

—. *Sortir de la grande nuit : Essai sur l'Afrique décolonisée.* Paris : La Découverte, 2010.

Merleau-Ponty, Maurice. *Signes.* Paris : Gallimard, 1960.

"Mondialité de Glissant : Entretien de Tanella Boni avec François Noudelmann." *Africultures* 87 (2012) : 114-124.

"Mort d'Édouard Glissant : Les Réactions." *Humanité.fr* 3 février 2011.

Mudimbe-Boyi, Elizabeth, ed. *Empire Lost : France and its Other Worlds.* New York : Lexington, 2009.

Niane, Djibril Tamsir. *Soundjata ou l'épopée mandingue.* 1960. Paris : Présence Africaine, 2000.

Noiriel, Gérard. *À quoi sert "l'identité nationale."* Marseille : Agone, 2007.

Nouss, Alexis. *Plaidoyer pour un monde métis* : Paris : Les Éditions Textuel, 2005.

Pépin, Ernest. "L'espace dans la littérature antillaise." *Potomitan.* 2 septembre 1999.

Perret, Delphine. *La Créolité : Espace de création.* Paris : Iris Rouge, 2001.

Pratt, Marie Louise. *Imperial Eyes : Travel Writing and Transculturation.* London : Routledge, 2007.

Prieto, Eric. "Edouard Glissant : Littérature-monde and Tout-monde." *Small Axes* 33.14 (2010) : 111-120.

Radovi, Stanka. "The Birthplace of Relation : Edouard Glissant's *Poétique de la Relation.*" Callobo 30.2 (2007) : 475-481.

Renaut, Alain. *Un Humanisme de la diversité : Essai sur la décolonisation des identités.* Paris : Flammarion, 2009.

Ricœur, Paul. *La Mémoire, l'histoire, l'oubli.* Paris : Seuil, 2003.

Rushdie, Salman. *Imaginary Homelands : Essays and Criticism 1981-1991.* London : Granta, 1991.

Saïd, Edward W. *Culture and Imperialism*. New York : Knoff, 1993.

Scott, David. *Refashioning Futures : Criticism after Postcoloniality*. New Jersey : Princeton University Press, 1999.

Sourieau, Marie-Agnès. "Entretien avec Maryse Condé : De l'identité culturelle." *The French Review* 72. 6 (1999) : 1091-98.

Taubira, Christiane. *Égalité pour les exclus : Le Politique face à l'histoire et à la mémoire coloniales*. Paris : Temps présent, 2009.

—. "On frôle l'Apartheid." *Le Journal du dimanche* 14 février 2009.

Thomas, Dominic. *Africa and France : Postcolonial Cultures, Migration and Racism*. Bloomington : Indiana University Press, 2012.

Todorov, Tzvetan. *Le Nouveau désordre mondial. Réflexions d'un Européen*. Paris : Laffont, 2006.

—. *La Peur des barbares : Au-delà du choc des civilisations*. Paris : Laffont, 2008.

—. *Les Ennemis intimes de la démocratie*. Paris : Laffont, 2012.

"Tony Delsham et Édouard Glissant : Entretien à bâton rompu." *Antilla* 1116 (2004).

Traoré, Aminata. *L'Afrique humiliée*. Paris : Fayard, 2009.

Waberi, Abdourahman. *Aux États-Unis d'Afrique*. Paris : JC Lattès, 2006.

Walcott, Derek. "The Caribbean : Culture or Mimicry ?." *Journal of Interamerian Studies and World Affairs* 16.1 (1974) : 3-13.

Wa Thiong'o, Ngugi. *Decolonising the Mind : The Politics of the Language of African Literature*. Suffolk : Currey, 1986.

Zobel, Joseph. *La Rue Cases-Nègres*. 1950. Paris : Présence Africaine, 2000.

Index

I. CONCEPTS

A

africanité : 41
Antillanité : 9, 11, 12, 25, 26, 36, 37, 39, 45, 47, 48, 60, 78, 81, 102, 106, 111, 132
anti-essentialiste : 38, 39, 111
arborescence : 64
archipélique : 17, 21, 43, 46, 56, 57, 59, 63, 65, 67, 68, 76, 78, 80, 81, 102, 111, 135, 136, 159
Atlantique noire : 25, 139

B

Békés : 40, 62, 70 76, 102
bildungsroman : 40

C

Centre : 14, 16
chaos : 10, 34, 114, 127
communautarisme : 87, 88, 104
composite : 12, 64, 120, 127
créolisation : 11, 12, 13, 19, 44, 46, 64, 106, 111, 112, 138
Créolité : 11, 12, 15, 25, 26, 32, 35, 36, 37, 39, 40, 44, 60, 69, 71, 81, 111, 112, 143, 146, 147

D

décolonisation : 17, 28, 43, 46, 66, 118, 136, 147
départementalisation : 80

dépossession : 31, 42
désoccidentalisation : 131
détour : 12, 20, 45, 46, 47, 67, 69, 75, 144
Diaspora : 7, 9, 13, 14, 18, 19, 25, 27, 28, 31, 37, 42, 47, 51, 52, 54, 89, 117, 138
différence/s : 13, 14, 22, 23, 28, 66, 107, 113, 122, 123, 124, 125, 127, 128, 129, 134, 138
divers : 9, 13, 15, 41, 61, 63, 65, 68, 73, 75, 104, 106, 113, 114, 116, 117, 121, 122, 123, 124, 127, 129, 136, 141, 159
diversité : 11, 13, 14, 17, 23, 28, 39, 44, 58, 67, 71, 73, 74, 91, 97, 112, 115, 122, 124, 125, 127, 128, 129, 134, 136, 137, 147

E

entre-deux : 17, 18, 39, 59, 66, 80, 115
essentialiste : 12, 38, 39, 111
état-nation : 84, 85, 98, 99, 102, 103, 104, 124
événementiel/le : 9, 13, 19, 34, 49, 93, 130, 138

F

fictionneurs : 31, 36
Francophonie : 16, 99, 108, 143
francosphère : 15, 50, 108

G

ghettoïsation : 16, 89

H

hybridité : 14, 17, 19, 39, 66, 73, 102, 115, 138
hétérogénéité : 14, 73
homodiégétique : 40, 69

I

identité-relation : 103, 104, 105
identité-rhizome : 85, 104
insularité : 57, 58

interdépendance : 79, 80, 81, 121, 135
intuition : 10, 114, 116

L

langue écho-monde : 108, 113, 117, 121, 134
littérature-monde : 15, 16, 34, 50, 61, 65, 108, 121, 147
liyannaj : 76, 77, 81
Loi Taubira : 20, 26, 33, 47, 48, 49, 53, 54

M

Métropole : 21, 22, 29, 76, 79, 80, 83, 139
migrant-nu : 21, 32, 36, 39, 41, 42, 59, 60, 62, 63, 64, 67, 68, 69, 71, 72, 73, 74, 75, 78, 81
mondialisation : 9, 10, 16, 17, 87, 113, 123, 130, 132, 145
mondialité : 10, 23, 45, 113, 123, 130, 131, 145, 147
multiculturalisme : 90, 92, 98, 103, 115, 127, 128
multilinguisme : 119

N

nation-relation : 18, 84, 85, 102, 103, 104, 105, 124
Négritude : 11, 12, 18, 20, 21, 25, 26, 27, 28, 33, 34, 36, 37, 39, 40, 41, 45, 47, 60, 81, 106, 111, 138, 144

O

Occident : 10, 14, 16, 22, 23, 42, 48, 50, 51, 74, 81, 83, 84, 93, 100, 106, 109, 114, 115, 122, 125, 126, 127, 128, 129, 131, 132, 135
opacité : 127, 135, 139

P

patrie : 16, 18, 19, 103
Périphérie : 14, 16, 18, 66, 89
poéticien : 9
point d'intrication : 20, 21, 39, 44, 45, 46, 59, 71

postcolonie : 17, 66, 117, 120, 121

R

Relation : 9, 10, 11, 12, 13, 15, 17, 19, 23, 27, 35, 42, 45, 58, 59, 60, 63, 67, 69, 70, 79, 102, 107, 108, 112, 116, 120, 121, 122, 123, 127, 129, 134, 136, 138, 141, 142, 145, 147
Reste du monde : 10, 14, 16, 22, 23, 42, 45, 48, 50, 51, 74, 81, 84, 109, 113, 122, 128, 129, 135
retour : 20, 39, 40, 41, 45, 46, 47, 69, 71, 76
rhizome : 22, 63, 64, 94, 116

S

souchien : 92, 94, 126, 132, 137
subalternes : 17, 30

T

tiers-espace : 115
Tout-monde : 9, 10, 13, 16, 17, 20, 22, 27, 36, 45, 47, 48, 53, 55, 58, 62, 63, 66, 67, 68, 71, 72, 74, 79, 81, 108, 109, 111, 112, 113, 114, 115, 116, 117, 121, 122, 123, 127, 128, 129, 133, 134, 136, 138, 139, 141, 142, 143, 145, 147, 159

II. NOMS PROPRES

A

Achebe, Chinua : 30, 117, 118, 119, 142
Artières, Philippe : 61, 108

B

Ba, Mamadou Lamine : 52,
Badiou, Alain : 88, 95, 98, 142, 144
Baier, Lothar : 27, 53
Baldwin, James : 18

Bansart, Andrès : 135, 142
Begag, Azouz : 108
Bégaudeau, François : 89
Benveniste, Émile : 74, 142
Bernabé, Jean : 32, 37, 143
Besson, Éric : 87, 91, 92
Bhabha, Homi : 66, 73, 78, 115, 142
Blanchard, Pascal : 92, 93
Blatt, David : 97, 142
Bongie, Chris : 123, 142
Boni, Tanella : 45, 147
Bouteldja, Houria : 92
Britton, Celia : 16, 17, 113, 142

C

Cabral, Amilcar : 61, 143
Cailler, Bernadette : 63, 143
Cantet, Laurent : 89, 145
Césaire, Aimé : 12, 18, 27, 30, 34, 37, 39, 40, 41, 47, 143, 144
Chamoiseau, Patrick : 15, 22, 27, 32, 37, 47, 58, 59, 72, 85, 93, 94, 95, 96, 99, 100, 101, 102, 103, 104, 105, 107, 108, 109, 112, 113, 114, 116, 123, 124, 125, 127, 128, 130, 131, 132, 137, 143, 147, 159
Chanson, Philippe : 112, 143
Charadeau, Patrick : 86, 143
Chaouite, Abdellatif : 113
Chehad, May : 59, 144
Chevalier, Jean : 62, 144
Chevrier, Jacques : 27, 55, 66, 144
Chirac, Jacques : 26, 48, 86, 96, 98
Condé, Maryse : 15, 37, 38, 108, 144, 148
Confiant, Raphael : 32, 37, 40, 41, 72, 143, 144
Cullen, Countee : 18, 27

D

Damas, Léon-Gontran : 18, 27, 30, 37
Dash, Michael : 16, 105, 144

Debono, Marc-William : 57, 58, 144
Deleuze, Gilles : 22, 63, 64, 94, 144
Delsham, Tony : 12, 114, 148
Derrida, Jacques : 71, 144
Desportes, Georges : 127, 144
d'Estaing, Valéry Giscard : 87
de Villepin, Dominique : 49, 54
Diawara, Manthia : 16, 19, 58, 64, 145
Diop, Birago : 35, 145
Diop, Cheikh Anta : 27
Dirlik, Arif : 79, 145
Dubois, William : 18, 27
Durpaire, François : 111, 145

E

Etoké, Nathalie : 89, 142

F

Fanon, Frantz : 27, 32, 33, 46, 47, 57, 78, 137, 138, 145
Ferreira, Antonio : 73, 144
Fonkoua, Romuald : 32, 145

G

Gaines, Kevin : 51, 145
Gallagher, Mary : 127
Gauvin, Lise : 74, 121
Gilroy, Paul : 19, 25, 38, 39, 42, 138, 145
Gneerbrant, Alain : 62, 144
Grégoire, Abbé : 48
Guattari, Félix : 22, 63, 64, 94, 144

H

Hale, Thomas : 31, 146
Hall, Stuart : 14, 19, 25, 107, 138, 146

Hallward, Peter : 14, 63, 146
Hank, Levine : 100, 142
Hegel, Georg : 73, 146
Hortefeux, Brice : 86, 87, 145
Houston, Nancy : 108
Hughes, Langston : 18, 27

J

Joubert, Jean : 68

K

Kesteloot, Lilyan : 47, 146
Kincaid, Jamaica : 116, 146
Kyene, Cécile : 125, 126

L

Larrier, Renée : 70, 146
Laye, Camara : 31, 146
Le Bris, Michel : 15, 83, 108, 146
Léclère, Sophie : 125
Léclère, Thierry : 12
Le Clézio, Jean-Marie : 15, 108
Le Pen, Jean-Marie : 98
Le Pen, Marine : 91, 146
Leupin, Alexandre : 17, 141
Lewis, Shirleen : 111, 146
Lincoln, Abraham : 43
Lionnet, Françoise : 16, 89, 102, 147
Louverture, Toussaint : 34, 143

M

Maalouf, Amin : 15, 83, 108, 147
Makhlouf, Georgia : 111, 128, 147
Mandela, Nelson : 65, 103

Maran, René : 57, 147
Mariani, Thierry : 87
Marchand, Laurent : 92, 107
M'bembe, Achille : 54, 84, 88, 147
Mélenchon, Jean-Luc : 92
Merleau-Ponty, Maurice : 130, 131, 147
Morin, Edgar : 114
Mudimbe-Boyi, Elizabeth : 22, 147

N

Niane, Djibril : 69, 147
Noiriel, Gérard : 96, 147
Noudelmann, François : 45, 147
Nouss, Alexis : 65, 147

O

Omerod, Beverly : 18

P

Pépin, Ernest : 60, 147
Philips, Caryl : 19
Pied, Henri : 64
Prieto, Eric : 117, 121, 147

R

Renaut, Alain : 136, 147
Ricœur, Paul : 29, 147
Rouaud, Jean : 15, 83, 108, 146
Rushdie, Salman : 16, 147

S

Sarkozy, Nicolas : 19, 22, 26, 48, 53, 54, 76, 77, 78, 85, 86, 87,
88, 90, 91, 92, 94, 95, 96, 97, 98, 100, 101, 102, 107, 108, 143,
144, 145, 146, 147

Sartre, Jean-Paul : 37, 67
Schœlcher, Victor : 43, 48
Scott, David : 38, 39, 148
Sebbar, Leïla : 108
Senghor, Léopold : 18, 27, 51
Sissako, Abderrahmane : 132, 142
Sourieau, Marie-Agnès : 38, 147
Soyinka, Wole : 27, 47

T

Taddéi, Frédéric : 88, 144
Taubira, Christiane : 20, 48, 53, 76, 77, 125, 126, 148
Thomas, Dominic : 90, 148
Todorov, Tzvetan : 85, 92, 97, 98, 100, 101, 107, 125, 132, 148
Traoré, Aminata : 54, 148

W

Waberi, Abdourahman : 15, 16, 50, 51, 108, 148
Wade, Abdoulaye : 52
Wahl, Jean : 113
Walcott, Derek : 19, 35, 148
Wa Thiong'o, Ngugi : 117, 119, 120, 121, 148
Wing, Betsy : 69, 141

Z

Zobel, Joseph : 40, 57, 69, 70, 148

Table des matières

Remerciements 7

Avant-propos 9

Introduction 11

Chapitre I : La Redéfinition de l'expérience des Noirs 25
    I. Glissant et l'histoire 27
    II. L'Afrique dans les paradigmes littéraires 37
    III. Repenser l'esclavage aujourd'hui 48

Chapitre II : L'exceptionnalité archipélique 57
    I. L'esprit du lieu 60
    II. La trace : Reconstitution et reconstruction 68
    III. La situation actuelle de l'archipel 75

Chapitre III : La France hostile 83
    I. Le débat sur l'identité nationale 86
    II. Le diagnostic d'Édouard Glissant
    et de Patrick Chamoiseau 93
    III. Les alternatives d'Édouard Glissant
    et de Patrick Chamoiseau 102

Chapitre IV : Vers des totalités imaginaires 111
    I. Le Tout-monde 113
    II. Éloge du divers et des différences 122

Conclusion 135

Bibliographie 141
    I. Ouvrages d'Édouard Glissant à l'étude 141
    II. Ouvrages généraux, critiques et articles 142

Index 149
    I. Concepts 149
    II. Noms propres 152

Achevé d'imprimer chez SoBook le 10-12-2021

Linselles - France

N° impression : 742 062